Natascha Becker
Der Weg zum Bestseller

Natascha Becker

Der Weg zum Bestseller

Konzepte erstellen
Packend schreiben
Den richtigen Verlag finden

Bibliografische Information der Deutschen Nationalbibliothek
Die Deutsche Nationalbibliothek verzeichnet diese Publikation
in der Deutschen Nationalbibliografie; detaillierte bibliografische Daten
sind im Internet über http://dnb.ddb.de abrufbar.

ISBN 978-3-86910-156-9

Die Autorin: Als ehemalige Chefredakteurin und erfolgreiche Buchautorin weiß
Natascha Becker, wie man schreiben muss, um die gewünschte Zielgruppe zu
erreichen. Sie arbeitet für eine renommierte Medienagentur und hilft Autoren,
ihre Manuskripte zu veröffentlichen.

Originalausgabe

© 2009 humboldt
Ein Imprint der Schlüterschen Verlagsgesellschaft mbH & Co. KG,
Hans-Böckler-Allee 7, 30173 Hannover
www.schluetersche.de
www.humboldt.de

Covergestaltung: DSP Zeitgeist GmbH, Ettlingen
Innengestaltung: akuSatz Andrea Kunkel, Stuttgart
Titelfoto: spe /shutterstock
Satz: PER Medien+Marketing GmbH, Braunschweig
Druck: Artpress Druckerei GmbH, A-6600 Höfen

Gedruckt auf Papier aus nachhaltiger Forstwirtschaft.

Inhalt

Vorwort

Der Traum vom eigenen Buch

„Wenn ich allerdings zum ersten Mal das jeweilige Manuskript aus der Hand gebe, dann sitze ich noch auf genauso glühenden Kohlen, wie ich es vor zehn oder fünfzehn Jahren tat. Nicht mehr so wie ganz am Anfang – ich glaube, dieses Gefühl hat man nur einmal –, aber sie verschwindet nie, die Nervosität, das Hoffen, mit dem, was man geschrieben hat, wirklich auch all das vermittelt zu haben, was einen beim Schreiben bewegte." Tanja Kinkel

Autor sein, ein Buch schreiben – für viele Menschen ein großer Traum. Denn wer ein Buch schreibt, schafft etwas Bleibendes, und wird das Werk gedruckt, lässt der Autor viele Leser an seinen Gedanken, an seinem Wissen teilhaben. Wer schon einmal ein Buch geschrieben hat, kennt das Herzklopfen, wenn er sein gedrucktes Werk zum ersten Mal in den Händen hält. Und erst recht den Stolz, das eigene „Baby" in der Buchhandlung zu entdecken – neben all den anderen berühmten und auch weniger berühmten Werken.

Ein aufregender Weg liegt vor Ihnen

Zu diesem Augenblick hat den Autor ein langer, manchmal beschwerlicher, in jedem Fall aber aufregender Weg geführt: Er hatte eine Idee, die in seinem Kopf und vermutlich auf etlichen Entwürfen Gestalt annahm. Diese arbeitete er aus, bis er endlich ein stimmiges Konzept vor sich hatte, das er verschiedenen Verlagen anbieten konnte. Er machte sich auf die Suche nach einem entsprechenden Verlag, nicht alle wollten sein Buch tatsächlich umsetzen.

Die Konkurrenz ist groß

Schließlich aber tat sich eine Tür auf, und die eigentliche Arbeit begann nun erst wirklich. Viele Monate hat er recherchiert, geschrieben, verworfen, weiter geschrieben und wieder korrigiert, bis das Manuskript endlich fertig war. Dann verlor er sein Werk erst einmal aus den Augen – bis er es schließlich als gedrucktes Buch in den Händen halten konnte …

Vermutlich haben Sie sich dieses Buch gekauft, weil Sie genau diesen Weg gerne gehen möchten. Vielleicht ist es erst eine Idee, die Ihnen im Kopf herumspukt, möglicherweise haben Sie sogar schon das komplette Manuskript in der Schublade und möchten nun wissen, wie Sie weiter vorgehen sollen. In beiden Fällen kann Ihnen dieser Ratgeber weiterhelfen, denn es sind ganz bestimmte Schritte, die jeder Autor auf dem Weg zum gedruckten Buch – und letztendlich zu einem Bestseller – geht. Schritte, von denen man möglichst keinen auslassen sollte und bei denen man auf versteckte Fallstricke achten muss. Denn die Konkurrenz, das sollten Sie sich immer wieder vor Augen führen, ist groß, das Land der Dichter und Denker ist von einer wahren Schreibwut ergriffen: Rund 80 000 neue Titel erscheinen jedes Jahr in Deutschland, die Zahl der Manuskripte, die bei den Lektoraten der Verlage eingehen, ist nicht genau bekannt, aber noch um ein Vielfaches höher.

Das Verlagswesen und seine Akteure kennenlernen

Denn schreiben kann im Grunde jeder, einen passenden Verlag finden, der die eigenen Gedanken druckt, ist dagegen schon wesentlich schwieriger. Nicht zuletzt deshalb sollten Sie sich schon zu Beginn Ihres Projektes überlegen, warum Sie überhaupt schreiben, oder schreiben möchten. Nicht wenige tun dies, weil es einfach ein schönes Hobby ist, oder weil sie Erinnerungen für sich und andere festhalten möchten. Dann ist es vielleicht gar nicht so wichtig, ob das Buch jemals in großer Auflage gedruckt und vertrieben wird. Auch in einem solchen Fall müssen Sie nicht auf Ihr Werk verzichten, denn es gibt genug Möglichkeiten, persönliche Projekte in guter Qualität umzusetzen.

Ob Sie einen Ratgeber planen oder gerade an Ihren Lebenserinnerungen arbeiten – dieses Buch soll Ihnen dabei helfen, dass Sie Ihr Projekt eines Tages als fertig gedrucktes Werk in den Händen halten können.

Dazu ist es wichtig, einen Blick hinter die Kulissen des Verlagswesens zu werfen und etwas über die typischen **Einen Blick hinter die Kulissen des Verlagswesens werfen** Abläufe zu erfahren. Und darüber hinaus lernen Sie die Akteure kennen, die an der Erarbeitung eines Buches maßgeblich beteiligt sind – in erster Linie natürlich die Lektoren, aber auch andere wichtige Menschen, die im Vertrieb, in der Herstellung oder der Marketingabteilung eines Verlages arbeiten. Nicht zu vergessen die Buchhändler, die Ihr Buch eines Tages in ihr Regal stellen sollen und die Vertreter, die es ihnen schmackhaft machen.

Noch ein Wort zur Sprachwahl an Sie, liebe Leserinnen und Autorinnen: In diesem Buch ist von Autoren, Lektoren und anderen Akteuren im Buchwesen die Rede. Dies ist ausschließlich der Einfachheit der Sprache und der besseren Lesbarkeit geschuldet, keinesfalls der Bedeutung, die Frauen in der Buchbranche zukommt. Denn eines ist sicher: Frauen spielen hier inzwischen eine ganz entscheidende Rolle – ob in den Verlagen oder als hervorragende Autorinnen!

Schritt 1: Von der Idee zum Konzept

Wie aus einem Geistesblitz ein überzeugendes Exposé wird

Die Gedanken ordnen

„Wer eine neue Idee hat, ist ein Spinner,
bis die Idee eingeschlagen hat."
Mark Twain

Am Anfang steht natürlich die zündende Idee. Ganz gleich, ob es sich um ein Sachbuch, einen Ratgeber, einen Roman oder ein Kinderbuch handelt – der Grundgedanke ist es, von dem sich später alles andere ableitet. Hier sind nun zwei Punkte entscheidend: Für wen möchten Sie Ihr Buch schreiben, wer soll es später einmal lesen? Und: Was ist das Besondere an Ihrem Projekt?

Dies sind Fragen, die sich später auch die Verlage stellen werden, denen Sie Ihre Idee anbieten. Und je genauer Sie sie beantworten können, desto erfolgreicher werden Sie bei der Verlagssuche sein, und umso besser kommt Ihr Buch letztendlich bei den Lesern an.

Manchmal scheint es so, als läge eine bestimmte Idee geradezu in der Luft. Oder ein bestimmter Trend erobert die Öffentlichkeit, und natürlich stürzen sich alle auf dieses eine Thema. Ein toller Gedanke kann deshalb schnell zu einem alten Hut verkümmern – wenn er schlicht und ergreifend ein paar Monate zu spät umgesetzt wird. Deshalb sollten Sie eine Buchidee, die sich beispielsweise auf eine aktuelle Entwicklung bezieht, nicht auf die lange Bank schieben, sondern möglichst zügig mit der Konzeption beginnen und diese geeigneten Verlagen anbieten. Denn Sie können sicher sein: Handelt es sich um ein interessantes Thema, sind Sie bestimmt nicht der Einzige, der eine Buchidee daraus entwickelt, und möglicherweise sitzen andere Autoren bereits an ihren Manuskripten dazu.

Welche Titel gibt es bereits zu Ihrem Thema?

Manches liegt in der Luft

Bevor Sie sich in die Arbeit stürzen, sollten Sie sich ohnehin genau umschauen, ob es ein Buch, wie es Ihnen vorschwebt, vielleicht schon in ähnlicher Form gibt. Wenn dem so sein sollte, dann ist das zwar eine enttäuschende Erkenntnis. Sie spart Ihnen aber viel Zeit und Arbeit – die Sie nutzen können, um eine neue Idee zu verfolgen. Hilfreich für die Recherche ist ein Blick in den Internet-Buchversand amazon.de. Geben Sie ruhig mehrere Stichwörter als Suchbegriff ein – beispielsweise Hüfterkrankungen und Ratgeber. Auf einen Blick sehen Sie, welche Titel es bereits zu diesem Thema gibt. Weitere Quellen sind beispielsweise buchkatalog.de und libri.de. Achten Sie hierbei auch auf das Erscheinungsdatum: Bücher, die mehr als fünf Jahre alt sind, brauchen Sie nicht zu berücksichtigen. Ist jedoch erst vor kurzem ein Werk zu Ihrem Thema erschienen, dürfte es schwierig werden, einen Verlag für ein Konkurrenzprodukt zu gewinnen. Es sei denn, Sie behandeln das Thema grundlegend anders, haben einen neuen, interessanten Ansatz gefunden, als die bereits erschienenen Titel. Dann sollten Sie dies zum Kern Ihres Buches machen und auch später, wenn Sie Ihr Projekt anbieten, klar herausstellen.

Fragen Sie sich von Anfang an: Was ist das Besondere an meinem Buch, was vermittelt es den Lesern, das andere Titel nicht können? Warum sollte jemand später genau mein Buch kaufen? Je ehrlicher Sie diese Fragen beantworten, desto zielgenauer können Sie Ihr Konzept ausarbeiten, dass sich an diesem Alleinstellungsmerkmal ausrichten wird.

Den Kern herausarbeiten

Wichtig ist in diesem Stadium der Ausrichtung auch, dass Sie Ihre späteren „Kunden" nicht aus den Augen verlieren. Der Buchhandel ist in klar voneinander abgegrenzte Bereiche sortiert – wie Fachbücher, Ratgeber, Sachbücher, Belletristik. Und natürlich arbeiten alle Verlage mit diesen Kategorien, damit sie ihre Titel so erfolgreich wie möglich im Handel platzieren können. Definieren Sie deshalb sehr genau, in welchem Genre sich Ihr Buch bewegen, und in welches Regal es der Buchhändler später stellen soll, beispielsweise zu den Gesundheitsratgebern, den politischen Sachbüchern oder der Fachliteratur für Führungskräfte.

Das wird Ihnen wiederum umso leichter fallen, je genauer Sie den Kern Ihres Projektes kennen und eingrenzen.

Von diesem Grundgedanken, Ihrer Leitidee aus entwickeln Sie Ihr Konzept nun Schritt für Schritt weiter. Hierzu tragen Sie nun alles zusammen, was der Leser braucht, um die Botschaft Ihres Buches verstehen und nachvollziehen zu können. Überprüfen Sie immer wieder, ob die Informationen in einem direkten Zusammenhang zur Kernaussage stehen, oder ob sie nicht vielleicht doch überflüssig sind. Denn führen verschiedene Unterthemen zu weit vom eigentlichen Thema weg, wird das Ergebnis schnell verwässert und beliebig.

Ortstermin

Sobald Ihre Buchidee konkreter wird, lohnt sich ein Besuch in einem größeren Buchladen. Stöbern Sie in Ruhe und schauen Sie sich an, was zu Ihrem Thema bereits auf dem Markt ist. Je mehr ähnliche Titel es schon gibt, desto genauer sollten Sie Ihr Vorhaben hinterfragen oder Ihr Alleinstellungsmerkmal herausarbeiten. Scheuen Sie sich nicht, die Verkäuferin zu fragen, welchen Titel sie Ihnen empfehlen würde und warum – auch hier können Sie wertvolle Hinweise erhalten, die Sie später für Ihr Buchprojekt nutzen können!

Lernen Sie Ihre Zielgruppe kennen

Je genauer Sie Ihre künftigen Leser bestimmen und beschreiben können, desto besser können Sie für sie schreiben. Unter den Millionen deutschsprachigen Lesern müssen Sie also diejenigen finden, für die Ihr Buch bestimmt sein soll. Auch wenn es sich erst einmal unlogisch anhören mag: Je genauer Sie Ihre Zielgruppe eingrenzen, desto größer sind Ihre Aussichten auf Erfolg. Vielleicht erscheint es zunächst verlockend zu sagen: Mein Buch ist im Grunde für jeden interessant. Doch das wird am Ende keinen Verlag und erst recht keinen Buchhändler überzeugen. Denn um ein Buch auf dem Markt platzieren zu können, ist es wichtig, Marketing und Werbung genau auf die Menschen zuzuschneiden, die das Werk schließlich kaufen sollen.

Wie genau Sie diese Zielgruppe definieren können, hängt in erster Linie von dem Genre ab, in dem sich Ihr Buch bewegen soll. Planen Sie einen Ratgeber zu einer bestimmten Krankheit, dürfte es nicht schwerfallen, die angesprochene Leserschaft ausfindig zu machen: In erster Linie die Betroffenen selbst, außerdem kommen noch deren Angehörige infrage. Erliegen Sie an diesem Punkt nicht der Versuchung, das Buch darüber hinaus für andere Menschen interessant zu machen, also beispielsweise auch noch Ärzte ansprechen zu wollen. Patienten und Mediziner sprechen eine völlig unterschiedliche Sprache, haben völlig unterschiedliche Vorkenntnisse. Ein Spagat, der beide Seiten zufrieden stellt, wird Ihnen nicht gelingen.

Wer soll Ihr Buch kaufen?

Planen Sie einen Roman, können Sie Ihr Projekt auch hier zumindest thematisch eingrenzen: Handelt es sich zum Beispiel um einen Krimi, einen Science-Fiction-Roman, eine Liebesgeschichte? Die verschiedenen Roman-Genres haben ihre treuen Leser – und so werden Sie eine romantische Lovestory in erster Linie für ein weibliches Publikum schreiben, während der Wirtschafts-Thriller stärker die männliche Zielgruppe anspricht. Auch das Alter spielt eine entscheidende Rolle, vor allem, wenn es um die Sprachwahl geht.

Die verschiedenen Roman-Genres haben ihre treuen Leser.

Einfacher ist es, wenn es sich um ein Kinder- oder Jugendbuch handelt, denn hier stellt sich gleich zu Beginn die Frage nach dem Alter der Leserschaft. Doch Vorsicht: Denken Sie daran, dass auch diese Bücher in erster Linie von Eltern, meistens den Müttern, gekauft werden – je jünger die Kinder, desto stärker müssen Sie also auch den Geschmack der Eltern treffen.

Was erwarten Ihre Leser?

Egal, welche Zielgruppe Sie nun ansprechen möchten: Versuchen Sie, so viel wie möglich über Ihre künftigen Leser herauszufinden: Welche Vorlieben haben Sie, welchen Beruf, welche Hobbys üben sie aus, was kennzeichnet ihr soziales Umfeld? Je klarer Sie diese Menschen vor Augen haben, desto leichter fällt es Ihnen herauszufinden, welchen Nutzen sich Ihre Leser vom Kauf Ihres Buches versprechen. Denn ob es sich um ein paar vergnügte Lesestunden, spannende Unterhaltung, Rat in einer bestimmten Situation oder neue Einblicke in wirtschaftliche Zusammenhänge handelt: Wer ein Buch kauft, tut dies, weil er sich etwas ganz Bestimmtes davon verspricht.

Sie möchten Ihre Leser mit Ihrem Buch positiv überraschen. Da kann es nicht schaden, sich ein möglichst umfassendes Bild von diesen Menschen zu machen und Quellen zu nutzen, die Sie dabei mit vielen Informationen unterstützen:

- *Mediadaten:* Viele Zeitungen und Zeitschriften stellen ihren Anzeigenkunden im Internet Mediadaten zur Verfügung, die die Zielgruppe des jeweiligen Mediums ausführlich beschreiben. Wenn Sie also ähnliche Menschen ansprechen möchten, wie beispielsweise die Leserschaft einer bestimmten Gesundheitszeitschrift, können Sie hier auch etwas über Ihre eigenen Leser erfahren.

- *Studien:* Die Gesellschaft für Konsumforschung und verschiedene Marktforschungsinstitute untersuchen regelmäßig die unterschiedlichsten sozialen Gruppierungen bezüglich Lebenssituation, Vorlieben und Gewohnheiten. Viele Ergebnisse können Sie im Internet finden und daraus den ein oder anderen Rückschluss auf die Menschen ziehen, die Sie mit Ihrem Buch ansprechen möchten.

Hilfreiche Adressen im Netz
Wenn Sie mehr über die Vorlieben, Wünsche und Gewohnheiten Ihrer Leser erfahren möchten, können Ihnen diese Quellen viele Informationen liefern:

www.gfk.de Gesellschaft für Konsumforschung
www.sinus-milieus.de Marktforschungsergebnisse für Deutschland
http://mediaresearch.orf.at Marktforschungsergebnisse des Österreichischen Fernsehens
www.publisuisse.ch Marktforschungsergebnisse für die Schweiz
www.destatis.de Statistisches Bundesamt für Deutschland
www.statistik.at Statistisches Bundesamt für Österreich
www.statistik.admin.ch Statistisches Bundesamt für die Schweiz
www.wuv.de Zeitschrift „Werben und Verkaufen", Rubrik „Aktuelle Studien"

Ein wesentlicher Punkt, der häufig übersehen wird, aber schon in der Konzeptphase eine wichtige Rolle spielen kann, ist, dass Bücher deutscher Verlage auch in Österreich und der Schweiz gelesen werden. Überlegen Sie deshalb – besonders, wenn Sie einen Ratgeber oder ein Sachbuch planen –, wie Sie Ihrer Leserschaft im gesamten deutschsprachigen Raum gerecht werden können.

Berücksichtigen Sie den gesamten deutschsprachigen Raum.

Nicht zu breit und nicht zu eng
Je klarer Ihre Vorstellung von Ihren künftigen Lesern ist,
desto besser können Sie Ihr Buchkonzept auf deren
Bedürfnisse zuschneiden. Sie vermeiden so auch den
häufigen Fehler vieler Autoren, das Thema zu allgemein
zu halten oder nur einem ganz speziellen Sachverhalt zu
widmen, der lediglich eine kleine Gruppe von Menschen
interessiert.

Der konsequente Aufbau

Sie kennen also nun die Menschen, für die Sie schreiben
wollen, wissen, was diese sich an Informationen wünschen, welchen Nutzen sie sich davon versprechen, wenn
sie einmal Ihr Buch kaufen. Sie wissen auch, was das
Besondere, das Neue Ihres Buches ist, der Kern, um den
sich alles Weitere ranken soll. Dann können Sie jetzt die
Gliederung Ihres Buches in Angriff nehmen.

Ganz gleich, ob Sie ein Kinderbuch, einen Ratgeber, Roman
oder ein Sachbuch planen – nur mit einem schlüssigen
Aufbau können Sie den Lektor eines Verlages und später
auch Ihre Leser überzeugen. Denn er macht auf den ersten
Blick deutlich, was genau den Schwerpunkt Ihres Projektes
ausmacht, wie Sie zu diesem hinführen und welchen Nutzen die späteren Leser aus dem Buch ziehen können.

Das Fundament muss stimmen

Lassen Sie sich also ruhig Zeit beim Ausarbeiten Ihrer Gliederung – sie ist das Fundament Ihrer Arbeit, das Gerüst, das Sie später Schritt für Schritt beim Schreiben mit Leben füllen können. Je durchdachter dieses Fundament ist, desto leichter wird Ihnen die Umsetzung fallen. Schleichen sich jedoch bereits in diesem frühen Stadium Ungereimtheiten oder nicht nachvollziehbare Gedankensprünge ein, werden Sie spätestens in der Manuskriptphase darüber stolpern. So weit kommt es allerdings selten, denn meistens entdeckt der Lektor bereits solche Mängel – und das Buchprojekt landet auf dem großen Stapel der Angebote, die mit einer Absage zurück an den Absender gehen.

Beobachten Sie Ihr eigenes Kaufverhalten

Was also macht eine gelungene Gliederung aus? Beobachten Sie sich einmal selbst. Wie gehen Sie vor, wenn Sie darüber nachdenken, ein Buch zu kaufen? Sie stehen im Buchladen, lesen zunächst den Titel, dann wahrscheinlich den Klappentext auf der Rückseite, und schließlich – wenn es sich beispielsweise um einen Ratgeber oder ein Sachbuch handelt – schlagen Sie das Buch auf und überfliegen das Inhaltsverzeichnis. Jetzt sind Sie entweder überzeugt, dass Sie genau das gefunden haben, was Sie suchen, und kaufen das Werk. Oder Sie legen es zurück und stöbern weiter.

> **Wichtig ist, dass Sie einen dramaturgischen Spannungsbogen aufbauen.**

Letzteres soll Ihrem Buch später natürlich so selten wie möglich widerfahren, und die Weichen dafür können Sie bereits in der Anfangsphase Ihres Projektes stellen. Dabei ist es im Grunde unerheblich, ob Sie sich in der Belletristik oder im Sachbuchbereich bewegen. Wichtig ist, dass Sie Ihre Leser wie an einem roten Faden durch das Buch führen und dabei einen dramaturgischen Spannungsbogen aufbauen.

Die Eckpfeiler einer guten Gliederung

Während aber beim Roman oder einem Kinderbuch eine saubere und übersichtliche Gliederung nur eine untergeordnete Rolle spielt, ist sie für Ratgeber, Sach- und Fachbücher besonders wichtig:

Einstieg: Er gibt dem Leser einen allgemeinen Überblick über das Thema und liefert zugleich einen Ausblick darauf, wohin die Reise gehen soll.

Aufbau: Leser schätzen eine möglichst einfache und nachvollziehbare Gliederung. Vermeiden Sie es also, Ihre Kapitel in zu viele Unterpunkte auf verschiedenen Ebenen zu unterteilen. Eine solche Vorgehensweise mutet eher wie die Hausarbeit eines Studenten an und wird höchstens von Professoren honoriert – aber für die schreiben Sie ja nicht. Für einen Ratgeber beispielsweise sind, je nach Umfang, fünf bis sieben Hauptkapitel ideal, die wiederum in etwa fünf Unterthemen eingeteilt werden sollten. Im Grunde reicht eine solche Gliederung völlig aus, um dem Leser –

und dem Lektor – schon im Inhaltsverzeichnis deutlich zu machen, was ihn erwartet. Wichtig ist, dass die einzelnen Kapitel und Unterpunkte nachvollziehbar aufeinander aufbauen und Ihre Leser Schritt für Schritt an Ihrem Wissen teilhaben lassen.

Die Sprache: Auch wenn es etwas Mühe macht, sollten Sie sich für die einzelnen Kapitel und Unterthemen griffige Überschriften einfallen lassen, die zum einen deutlich machen, worum es geht, aber zum anderen mehr sind als sachliche Themenbezeichnungen. So vermitteln Sie auf den ersten Blick, dass Sie nicht nur Fakten und Informationen auf den Tisch legen, sondern diese auch lesergerecht verpacken können.

Ausstieg: Wenn Sie am Ende Ihres Buches Ihr Pulver verschossen haben, sollten Sie es nicht abrupt beenden, sondern einen Ausstieg wählen, der dem Leser die Gelegenheit gibt, das Erfahrene noch einmal Revue passieren zu lassen. Vielleicht können Sie ihm auch einen Ausblick in die Zukunft mit auf den Weg geben oder Tipps, wie er sich weiter über das Thema informieren kann.

Ist der Aufbau Ihres geplanten Projektes erst einmal in sich stimmig, haben Sie bereits eine sehr gute Grundlage, auf der Sie nun ein überzeugendes Exposé erarbeiten können.

Das überzeugende Exposé

Eine gute Idee ist schon mal eine gute Voraussetzung für ein erfolgreiches Buch. Sie alleine reicht allerdings nicht aus, um den Lektor eines Verlages zu überzeugen. Er benötigt zunächst ein Exposé, das ihm alle wichtigen Informationen zu Ihrem Vorhaben liefert, außerdem möchte er wissen, wer Sie sind und warum gerade Sie dieses Buch schreiben sollten. Und er möchte sich ein Bild von Ihrem Schreibstil machen können.

Für manche Autoren ist es schwieriger, ein gutes Exposé zu verfassen als ein tolles Buch zu schreiben. Davon können nahezu alle Lektoren und Agenten ein Lied singen. Denn gemeint ist nicht eine möglichst detailgetreue Inhaltsangabe des geplanten oder bereits fertiggestellten Werkes. Vielmehr soll ein Exposé in erster Linie eines: Verkaufen! Schließlich wollen Sie denjenigen, der es liest – egal, ob Lektor oder Literaturagent – auf ihre Seite ziehen. Ihn davon überzeugen, dass es sich lohnt, sich für Ihr Projekt einzusetzen.

> Ein Exposé soll in erster Linie eines: verkaufen!

Wechseln Sie die Perspektive

Um das zu erreichen, ist es hilfreich, die Perspektive zu wechseln, während Sie Ihr Exposé ausarbeiten. Versetzen Sie sich in die Lage des Verlages, und geben Sie ihm gute Argumente für Ihr Buch an die Hand: Er möchte in erster Linie wissen, warum sich ausgerechnet Ihr Buch gut verkaufen wird, an welche Leserschaft es sich richtet und was an ihm besonders ist. Denn ein Verlag kann es sich in der Regel nicht leisten, ein Buch umzusetzen, nur weil es dem Lektor gut gefällt oder sich die Idee interessant anhört – er will, dass der Titel später die Herstellungskosten wieder einbringt und darüber hinaus einen möglichst hohen Gewinn abwirft. Dazu muss er sich gut verkaufen. Und dass er das tun wird, davon müssen Sie zunächst den Lektor überzeugen. Behalten Sie dabei von Anfang an auch die Buchhändler im Blick: Sie entscheiden später darüber, ob und wie sie Ihr Buch in ihren Läden präsentieren.

Um Ihr Konzept so überzeugend wie möglich zu präsentieren, sollten Sie ihm schon im Exposé einen griffigen Arbeitstitel geben. Natürlich kann sich dieser Titel noch ändern, vielleicht wird der Verlag sich für einen anderen entscheiden, damit sich das Buch besser in eine bestehende Reihe einfügt. Doch wenn der Blick des Lektors an Ihrem Arbeitstitel hängen bleibt und dieser ihn neugierig macht, haben Sie schon mal seine Aufmerksamkeit gewonnen.

Welche Informationen braucht der Lektor?

Ein weiterer Blick sollte genügen, damit der Lektor die groben Rahmendaten Ihres Projektes erfassen kann: Welchen Umfang soll das Werk haben, ist es schon fertig oder erst in der Konzeptionsphase? Ist letzteres der Fall – bis wann könnten Sie es fertigstellen? Natürlich interessiert ihn auch, ob das Buch bebildert werden soll, und wenn ja, wie auf-

wendig. Denn solche Überlegungen fließen in die Kosten-
kalkulation mit ein, die später darüber entscheidet, ob sich
ein Titel rechnet oder nicht.

Der richtige Umfang
Schon bei der Planung sollten Sie überlegen, wie viele
Seiten Ihr Buch in etwa umfassen soll, denn auch diese
Informationen erwartet ein Verlag in einem Exposé. Dabei
sollte der Umfang natürlich zum Genre passen: Schreiben
Sie einen Roman, kann das Buch ruhig eine höhere Seitenzahl haben, auch ein Fachbuch kann durchaus etwas breiter angelegt sein. Eine zu hohe Seitenzahl jedoch steigert
die Herstellungskosten, und das Buch muss später zu
einem höheren Preis angeboten werden, was den Verkauf
in Grenzen halten kann. Ist das Werk jedoch zu knapp
gehalten, gerät es leicht in den Verdacht, zu oberflächlich
zu sein, was sich je nach Inhalt ebenfalls negativ auswirkt.

Liefern Sie Verkaufsargumente

Neben einem möglichst kurz gehaltenen Überblick über
den Inhalt des geplanten Buches sollten Sie dem Lektor
überzeugende Argumente liefern, warum ihr Projekt zu
genau diesem Verlag passt und es sich für ihn lohnt, in
eine Umsetzung zu investieren. Umreißen Sie klar die Zielgruppe, die Sie ansprechen wollen. Erklären Sie, warum
sich diese Menschen für Ihr Buch interessieren und welchen Nutzen sie daraus ziehen werden. Hier sollten Sie

unbedingt vermeiden, auch vermeintliche Leser in Ihre Zielgruppe einzubeziehen, die sich wahrscheinlich nur am Rande für Ihr Buch interessieren werden. Besonders die Marketing-Abteilung möchte später genau wissen, wen sie mit Ihren Vermarktungsstrategien ansprechen soll, damit diese so wirksam wie möglich ausfallen.

Beschreiben Sie, was das Besondere an Ihrem Projekt ist, und in welche Abteilung einer Buchhandlung es gehört – handelt es sich um ein politisches, gesellschaftliches Sach-buch, oder um einen Ratgeber, der seinen Platz in den Lebenshilfe-Regalen haben soll? Und natürlich muss das Thema, das Sie behandeln, aktuell sein. Falls Sie können, belegen Sie das mit Zitaten aus den Medien oder beispielsweise mit Studien, die auf eine bestimmte Entwicklung innerhalb Ihrer Zielgruppe hinweisen.

Beschreiben Sie, was das Besondere an Ihrem Projekt ist.

Wichtig für den späteren Kaufanreiz eines Buches ist auch seine Umsetzung. Zeigen Sie dem Lektor, dass Sie das Genre beherrschen, in dem Sie sich bewegen und welche – vielleicht neuen – Ideen Sie einbringen können. Soll das Buch aus der Ich-Perspektive geschrieben werden, beispielsweise, weil eine Lehrerin aus ihrer Erfahrung mit Kindern schreibt, die Probleme mit Mathematik haben? Oder sollen witzige Cartoons einen eher trockenen Sachverhalt zusätzlich auflockern? Falls Sie das Thema Ihres Buches in irgendeiner Weise besonders oder neuartig umsetzen möchten, sollten Sie das in Ihrem Exposé unbedingt herausstreichen und nicht nur am Rande erwähnen.

Beispiel aus der Praxis

Die beste Voraussetzung, um einen Verlag von Ihrem Projekt zu überzeugen, ist ein aussagekräftiges Exposé. Hier ein Beispiel dafür, wie es aussehen und gegliedert sein sollte:

1. *Arbeitstitel:* Geben Sie Ihrem Buch möglichst von Anfang an einen griffigen, aussagekräftigen Titel. So weiß jeder sofort, um was es geht.
2. *Zielgruppe:* Für welche Leser möchten Sie Ihr Buch schreiben? Und wie groß ist der Kreis Ihrer Leserschaft?
3. *Ziel:* Was möchten Sie mit Ihrem Buch erreichen?
4. *Inhalt:* Geben Sie in Stichworten an, welche Themen Sie in Ihrem Buch behandeln. Falls Sie bereits eine Gliederung erstellt haben, können Sie sie ebenfalls einfügen oder dem Exposé beilegen.
5. *Begründung:* Warum schreiben Sie dieses Buch?
6. *Konkurrenztitel:* Informieren Sie sich unbedingt, welche Titel es bereits zu Ihrem Thema gibt. Was unterscheidet Ihr Buch von den anderen?
7. *Umfang des Manuskriptes:* Wie viele Zeichen soll das gesamte Manuskript umfassen – inklusive Vorwort und Anhängen?
8. *Grafiken, Fotos, Abbildungen:* Soll das Buch Abbildungen enthalten? Wenn ja – wie viele, wer besitzt die Rechte, wer kümmert sich um die Beschaffung?

9. Autor: Welche Ausbildung, Praxiserfahrung haben Sie hinsichtlich Ihres Buchthemas?
10. Gutachter: Wer kann Ihr Manuskript fachlich beurteilen? Jedes Manuskript sollte von mindestens einem Fachmann gegengelesen werden, der den Text inhaltlich einordnen und beurteilen kann.
11. Kontakte und Werbemöglichkeiten: Sind Sie Mitglied in Verbänden, kennen Sie Persönlichkeiten, die in Verbindung mit Ihrem Buchthema stehen? Halten Sie Vorträge oder geben Sie Seminare in diesem Bereich?
12. Produktionszeit/Abgabetermin: Wie lange brauchen Sie zur Erstellung des Manuskriptes nach Vertragsabschluss?

Versuchen Sie, diese Punkte so kurz und präzise wie möglich zu beantworten. Insgesamt sollte das Exposé inklusive Gliederung nicht mehr als vier Seiten umfassen.

Von der Konkurrenz abgrenzen

Rund 80 000 deutschsprachige Neuerscheinungen kommen jedes Jahr auf den Buchmarkt. Dazu kommen noch unzählige Titel, die die Verlage auf ihrer so genannten Backlist vorrätig haben, also Bücher, die bereits vor einiger Zeit erschienen sind, aber immer noch angeboten werden. Das bedeutet: Die Konkurrenz ist groß!

Einen Überblick über die Marktsituation verschaffen.

Verständlich also, dass Verlage möglichst bei jedem neuen Buch genau abschätzen müssen, wie hoch seine Marktchancen liegen. Und diese schrumpfen natürlich mit jedem Titel, den es bereits gibt, und der das gleiche Thema behandelt, erst recht, wenn der Inhalt auch noch ähnlich umgesetzt ist.

Selbstverständlich sind Lektoren in der Lage, sich einen Überblick über das Angebot zu einem bestimmten Buchthema zu verschaffen. Sie sind jedoch in der Regel derart ausgelastet, dass es ihnen unmöglich wäre, jedes Angebot, das sie auf den Tisch bekommen, auf seine Konkurrenztitel hin zu überprüfen. Deshalb wird heute von Autoren erwartet, dass sie diese Aufgabe selbst übernehmen und in ihrem Exposé die Titel auflisten, die es zum Thema bereits gibt. Dazu gehören zum einen die direkten Konkurrenten, die dem geplanten Projekt sehr ähnlich sind, zum anderen aber auch Bücher, die in denselben Themenbereich fallen. So kann sich der Verlag einen schnellen Überblick über die Marktsituation verschaffen.

Schummeln bringt nichts!

Es bringt übrigens nicht viel, wenn Sie hier versuchen zu schummeln, und in Ihrem Exposé schreiben, dass es noch keine Bücher zu Ihrem Thema gibt. Das ist angesichts der Titelvielfalt höchst unwahrscheinlich und wird den Lektor vermutlich eher misstrauisch machen. Und wie gesagt: Er kennt die Quellen und kann sich jederzeit selbst informieren.

Stellen Sie bei Ihren Recherchen fest, dass es doch schon einige Bücher gibt, die Ihrer Idee nahekommen, muss das noch lange kein K.-o.-Kriterium sein. Ist Ihre Zielgruppe beispielsweise weit gefasst, verträgt der Markt vielleicht ohne weiteres mehrere Titel auf demselben Gebiet. Das beweisen alleine die unzähligen Ratgeber zu den Themen Schönheit oder gesunder Rücken, von Kochbüchern ganz zu schweigen. Außerdem lohnt sich ein Blick auf das Erscheinungsdatum der Konkurrenz: Bücher, die älter als fünf Jahre alt sind, können Sie eher vernachlässigen, es sei denn, es handelt sich um Klassiker oder Standardwerke. Können Sie also mit aktuelleren Erkenntnissen aufwarten, stehen Ihre Chancen nicht schlecht, obwohl es vielleicht schon den ein oder anderen Titel gibt, der Ihrem Projekt sehr nahe kommt.

Wo Sie Ihre Konkurrenz treffen

Als Quelle für die Recherche nach Konkurrenztiteln eignet sich natürlich das Internet ganz hervorragend. Erste Adressen sind Amazon.de, Buchkatalog.de, Buchhandel.de und Google. Geben Sie am besten mehrere Stichwörter als Suchbegriffe ein, um den größtmöglichen Überblick über das aktuelle Angebot zu erhalten. Sehr lohnend ist auch hier der Besuch einer großen Buchhandlung. Fragen Sie ruhig nach, welche Titel es zu Ihrem Thema gibt, welchen davon der Verkäufer Ihnen empfehlen würde – und warum!

Darüber hinaus haben Sie immer noch die Möglichkeit, aus Ihrem Buch etwas Besonderes zu machen, das sich von den übrigen Titeln klar abhebt. Dazu ist es natürlich wichtig, genau hinzuschauen, wie die anderen das Thema behandeln. Überlegen Sie nun, wie Sie sich vom Vorhandenen abgrenzen können: Vielleicht sind Sie in der Lage, neue Aspekte aufzugreifen oder Thesen aufzustellen, die Ihr Buch interessant machen. Oder Sie wenden sich nur einem Teil der ursprünglichen Zielgruppe zu, sodass Ihr Schwerpunkt ein anderer ist.

Haben Sie den Mut, es anders zu machen!

Möglich ist auch, einen Stil zu wählen, der sich von dem der anderen Titel abhebt – sofern es das Thema erlaubt. Beispielsweise können Sie bewusst mehr Praxisbeispiele oder eigene Erfahrungen einbauen oder andere interessante Elemente, die sich durch das Buch ziehen und den Leser sowohl leiten als auch unterhalten. Sehr beliebt ist es zurzeit auch, prominente Persönlichkeiten einzubinden. Sie sichern dem Titel zusätzlich einen höheren Aufmerksamkeitsgrad und können später helfen, ihn erfolgreich zu vermarkten, indem sie etwa in Talkshows auftreten. Wichtig ist hierbei allerdings, dass ein solcher Promi auch wirklich etwas zu diesem Thema zu sagen hat, seine Bekanntheit alleine macht ihn nicht glaubwürdig.

Verlieren Sie bei diesen Überlegungen nie aus den Augen, was machbar ist und was nicht. Versprechen Sie also nichts, von dem Sie nicht sicher sind, dass Sie es auch halten können. Wenn also Ihr Konzept beispielsweise eine sehr humorvolle Umsetzung vorsieht, sollten Sie diese auch wirklich über das ganze Manuskript hinweg durchhalten können. Das gilt natürlich genauso für den Fall, wenn Ihr Projekt von der Mitwirkung eines Prominenten lebt: Erst, wenn Sie dessen Zusage haben, können Sie ihn fest in Ihr Konzept einplanen. Andernfalls sollten Sie in Ihrem Exposé klar darauf hinweisen,

> **Versprechen Sie also nichts, von dem Sie nicht sicher sind, dass Sie es auch halten können.**

dass Sie bisher noch keinen Kontakt zu diesem Menschen aufgenommen haben, und am besten noch zwei bis drei Alternativen nennen. Denn vielleicht hat „Ihr" Promi kein Interesse an einer Zusammenarbeit, oder der Verlag aus verschiedenen Gründen Vorbehalte. Eventuell bestehen aber auch Kontakte zu Persönlichkeiten, die ebenso gut zu Ihrem Buch passen, und an die Sie noch gar nicht gedacht haben.

Warum Sie und niemand anders?

„Der Autor ist selten ein unparteiischer Richter seiner eigenen Sachen."
                                    Johann Wolfgang von Goethe

Warum ausgerechnet Sie? Was befähigt Sie, über Ihr Thema zu schreiben? Welche Erfahrungen, Ausbildung oder Kompetenzen haben Sie – vor allem in Bezug auf Ihr Thema?

Diese Fragen sollten Sie in den Informationen über sich selbst beantworten. Der Lektor eines Verlages ist dabei nicht so sehr an Ihrer ausführlichen Lebensgeschichte interessiert, im Gegenteil: In der Kürze liegt auch hier die Würze. Stellen Sie die wesentlichen Punkte heraus und lassen Sie unwichtige Details – beispielsweise den schulischen Werdegang oder einzelne Stationen Ihrer beruflichen Laufbahn weg –, wenn sie nicht direkt im Zusammenhang mit Ihrem Buchprojekt stehen.

Geht es später einmal darum, für Ihr Buch zu werben, fällt das wesentlich leichter, wenn der Autor und sein Werk eine Einheit bilden und Sie auch über den Inhalt Ihres Buches hinaus etwas zum Thema zu sagen haben. Eine Zeitung wird viel lieber auf den neuen Titel hinweisen, wenn sich um ihn herum eine interessante Geschichte erzählen lässt, ebenso steigt natürlich die Chance, dass Sie in eine Talkshow eingeladen werden – diese Gelegenheiten werden nicht nur von Prominenten sehr gerne genutzt, um auf ein neues Buch aufmerksam zu machen.

Autor und Buch müssen zusammenpassen

Stellen Sie heraus, warum das Thema gerade zu Ihnen als Autor so gut passt. Diese Kompetenz macht Sie schließlich später in den Augen Ihrer Leser besonders glaubwürdig. Umgekehrt wird es einem Verlag schwerfallen, für einen

Stellen Sie Ihre Kompetenz heraus.

Autor zu werben, der auf dem Gebiet seines Buches auf den

ersten Blick keine überzeugenden Erfahrungen aufweist. So leuchtet beispielsweise erst einmal nicht recht ein, warum ein Bankkaufmann einen Gesundheitsratgeber zum Thema Krebs schreiben möchte. Oder warum eine junge Autorin, die selbst keine Kinder hat, einen Ratgeber für Eltern veröffentlichen sollte. Diesen beiden Autoren wird niemand die entsprechende Kompetenz zuschreiben, und vermutlich wird sich kein Verlag finden, der sich an entsprechende Buchprojekte wagt. Es kann also durchaus sein, dass Sie mit Ihrer Idee und Ihrem Konzept durchaus richtig liegen, der Verlag aber dennoch kein Interesse an einer Zusammenarbeit zeigt, weil sich ihm nicht erschließt, warum gerade Sie dieses Buch schreiben sollten.

Anders sieht es aus, wenn der besagte Bankkaufmann die Krankheit in einem Sachbuch aus der Sicht des Patienten oder eines Angehörigen schildert und dem Leser dabei wertvolle Informationen und Ratschläge geben kann. Dann hat das Buch nicht den Anspruch eines medizinischen Ratgebers, den man nur einem erfahrenen Arzt abnehmen würde. Auch die junge, kinderlose Autorin könnte einen Verlag für ihr Vorhaben finden: Indem sie beispielsweise eine Koautorin mit ins Boot holt, eine Lehrerin und zweifache Mutter etwa. Zusammen können sie dann ein Projekt umsetzen, das vielleicht sehr originell ist, aber kein Verlag angenommen hätte, wenn die Autorin es alleine angeboten hätte.

Ein starkes Team
Bevor Sie Ihr Buch einem Verlag anbieten, sollten Sie
selbstkritisch hinterfragen, ob Sie auch in den Augen
Außenstehender der richtige Autor dafür sind. Fehlen
Ihnen bestimmte Kompetenzen, ist es sinnvoll, einen
Koautor einzubinden, der diese Lücke schließt. So gewin-
nen Sie gegenüber dem Lektor und später natürlich auch
gegenüber den Lesern an Glaubwürdigkeit.

Leseproben

Es ist durchaus nicht unbedingt notwendig, dass Ihr Buch
bereits fix und fertig geschrieben ist, wenn Sie es einem
Verlag anbieten. Im Gegenteil: In vielen Verlagsprogram-
men finden sich mehr oder weniger etablierte Reihen,
deren einzelne Titel bestimmte Merkmale aufweisen
müssen, damit sie inhaltlich wie op-
tisch zusammenpassen. Das ist besonders bei Ratgebern, Sach- oder
Fachbüchern der Fall. Ist Ihre Arbeit

**Ein abgeschlossenes
Manuskript kann sogar
von Nachteil sein.**

am Manuskript bereits abgeschlossen, kann das Thema für
einen Lektor zwar durchaus interessant sein. Doch passt
die Umsetzung überhaupt nicht zum Konzept, würde es
für ihn viel Aufwand und Arbeit bedeuten, das Ganze entsprechend umzuändern. Abgesehen davon, dass einige
Autoren ganz und gar nicht begeistert sind, wenn derart

in Ihr Projekt eingegriffen wird, dass Sie es anschließend kaum wiedererkennen.

Hier kann ein abgeschlossenes Manuskript also sogar von Nachteil sein. Bietet ein Autor dagegen ein Konzept an und signalisiert die Bereitschaft, dieses an die Bedürfnisse des Verlages anzupassen, läuft er unter Umständen offene Türen ein, wenn das Thema die Lücke in einer bestehenden Reihe schließt. Selbst ein Roman muss noch nicht komplett vorliegen, denn auch hier kann es sein, dass der Lektor noch den ein oder anderen Hinweis zur Handlung unterbringen möchte.

Zeigen Sie, dass Sie das Genre beherrschen

Eine Kostprobe Ihres Könnens als Autor sollten Sie allerdings in jedem Fall dem Exposé beifügen. Gerade, wenn es Ihr erstes Buch ist, das Sie einem Verlag anbieten, wird der Lektor ein solches Probekapitel sogar von Ihnen erwarten. Denn: Ihr Konzept kann noch so beeindruckend und überzeugend sein – ohne einen Probetext würde er die berühmte Katze im Sack kaufen. Und das tut er nicht. Er möchte sich ein Bild machen von Ihrem Schreibstil, der Art und Weise, wie Sie an Ihr Thema herangehen und die Leser ansprechen. Ebenso zeigt ihm der Probetext, ob Sie die Inhalte logisch aufeinander aufbauen und zu einer gewissen Dramaturgie verarbeiten können. Eine Ausnahme bilden hier lediglich Autoren, die bereits Bücher im jeweiligen Genre veröffentlicht haben. Dann kennt der Lektor den Stil beispielsweise eines Sachbuch-Autors bereits und kann davon ausgehen, dass dieser sein neues Projekt in ähnlicher Art und Weise umsetzen wird.

Plant ein Sachbuch-Autor jedoch zum ersten Mal einen Roman oder ein Kinderbuch, wird er einen Probetext abliefern müssen. Dann wird er beweisen müssen, dass er die Leseransprache und den Stil des neuen Genres ebenfalls beherrscht.

Das richtige Kapitel für den Probetext

Nicht immer ist es sinnvoll, das erste oder einleitende Kapitel für den Probetext zu wählen. Wichtig ist, dass es sich um eine längere, zusammenhängende Textstrecke handelt, die charakteristisch für Ihr Buch ist. Da die Einleitung oft noch sehr allgemein zu dem Thema hinführt, ist eine Passage aus der Mitte des Buches häufig aussagekräftiger.

Auch wenn sich das Wort Probekapitel nach Übung und somit nach etwas Vorläufigem anhört, sollten Sie auf diesen Text sehr viel Sorgfalt verwenden. Sie können in Ihrem Fachgebiet noch so versiert sein – wenn Ihre Textprobe vor Rechtschreibfehlern nur so strotzt, macht das schlicht keinen kompetenten Eindruck. Das gilt erst recht für grammatikalische Mängel oder Ausdrucksfehler. Deshalb sollten Sie von Anfang an darauf achten, Wiederholungen, Floskeln oder Fremdwörter zu vermeiden.

Was die Länge des Probetextes angeht, so sollte sie der eines tatsächlichen Kapitels in Ihrem Buch entsprechen. Überschlagen Sie also zuerst anhand Ihrer Gliederung, in wie viele Bereiche sich das Gesamtwerk unterteilen wird, und bedenken Sie, dass alle Kapitel in etwa einen ähnlichen Umfang haben sollten. Planen Sie also einen Ratgeber, der insgesamt rund 250 000 Zeichen umfasst und aus sieben Teilen besteht, so können Sie für ein einzelnes Kapitels etwa 30 000 bis 35 000 Zeichen rechnen, denn hinzu kommen noch Vorwort, Anhang und Ähnliches. Ihr Probetext sollte sich also an diesem Umfang orientieren. Fällt er wesentlich kürzer aus, wird das den Lektor ebenso irritieren wie das Gegenteil. Denn dann muss er befürchten, dass Sie später Schwierigkeiten haben werden, die vereinbarte Manuskriptlänge tatsächlich einzuhalten.

So viel Kritik wie möglich

Oft ist man den eigenen Fehlern gegenüber wie blind – das geht auch erfahrenen Autoren so. Gehen Sie deshalb lieber auf Nummer sicher, und lassen Sie Ihren Text von jemand anderem gegenlesen, bevor Sie ihn an das Lektorat schicken. Das muss nicht unbedingt ein Experte auf dem Gebiet sein, über das Sie schreiben. Im Gegenteil: Manchmal ist es sogar sehr hilfreich, wenn ein Laie seine Meinung abgibt. Schließlich wenden Sie sich mit Ihrem Buch ja auch an

Manchmal ist es sehr hilfreich, wenn ein Laie seine Meinung abgibt.

Laien. Kann also ein Außenstehender Ihren Gedanken folgen, und findet er das Geschriebene interessant, sind Sie mit Sicherheit auf dem richtigen Weg!

Eine Ausnahme sind hier lediglich Fachbücher. Sie richten sich tatsächlich an Kollegen und andere Experten, dürfen und sollen deshalb wesentlich spezieller in die Materie einsteigen. In diesen Fällen, beispielsweise bei einem Buch über die Anwendung eines neuen Computerprogrammes, steht dann sowieso das fachliche Wissen im Vordergrund.

Hilfe von freien Lektoren

Sollten Sie ein Sachbuch oder ein belletristisches Projekt planen, empfiehlt es sich jedoch, die ein oder andere Meinung einzuholen. Das tun übrigens auch viele erfahrene Autoren, die bereits einige Bücher veröffentlicht haben. Für Sie gibt es natürlich mehrere denkbare Anlaufstellen, und nicht alle sind unbedingt hilfreich. Vorsichtig sollten Sie beispielsweise mit Urteilen aus dem engsten Freundes- und Familienkreis sein: Manch einer neigt dazu, mit Kritik zu sparen, um niemanden zu verletzen – doch gerade die wollen Sie ja hören! Deshalb kann es sinnvoll sein, sich professionelle Hilfe von außen zu holen. Eine gute Möglichkeit hierzu sind freie Lektoren, die Ihr Manuskript zum einen von Fehlern befreien, zum anderen aber auch Hinweise zu Aufbau und Formulierungen geben können. Gerade wenn Sie sich zum ersten Mal an ein Buchprojekt wagen, kann sich dieser – natürlich auch finanzielle – Aufwand durchaus lohnen.

So sachlich wie möglich

Es mag vielleicht verlockend sein, mit einer eigenwilligen Schriftart und einer ausgefeilten Formatierung aus der Masse der Manuskripte herauszustechen. Dieser Versuchung sollten Sie jedoch nicht erliegen. Am besten wählen Sie die gängige Schriftart Arial in einer Größe von 11 oder 12 Punkt und einen Zeilenabstand von 1,5. Lassen Sie einen ausreichend breiten Rand, so dass sich der Lektor gegebenenfalls Notizen machen kann. Die allgemeine Faustregel für den Umfang lautet: 30 Zeilen zu je 60 Anschlägen pro Seite.

Der gute Geist hinter dem Autor

Wenn Sie als Fachmann ein Sachbuch oder einen Ratgeber planen, beim Schreiben jedoch rasch an Ihre Grenzen stoßen, ist das ebenfalls kein Beinbruch. Das kommt weitaus öfter vor, als man denkt, und dennoch erscheinen jedes Jahr gut geschriebene Bücher ausgewiesener Experten. Das Geheimnis lautet ganz einfach: Ghostwriter. Es ist durchaus nicht ehrenrührig, sich beim Verfassen eines Buches ganz oder teilweise unter die Arme greifen zu lassen, und zahlreiche professionelle Autoren haben sich darauf spezialisiert.

Sowohl freie Lektoren als auch Ghostwriter haben bestimmte Honorare, nach denen sie bezahlt werden. Diese richten sich in erster Linie nach Art und Umfang des Projektes und können je nach fachlicher Qualifikation sehr unterschiedlich sein. Falls Sie eine solche Unterstützung für Ihr Manuskript erwägen, können Sie sich beispielsweise beim Verband der Freien Lektorinnen und Lektoren informieren, den Sie im Internet unter www.vfll.de finden. Eine weitere Plattform, auf der Freiberufler aus der Branche Ihre Dienstleistungen anbieten, ist www.lektorat.de.

Schritt 2: Den richtigen Verlag finden

Wie Sie einen Verlag finden,
zu dem Ihr Projekt passt

Welche Adressen kommen infrage?

„Wir brauchen Bücher, immer mehr Bücher! Durch das Buch, nicht durch das Schwert, wird die Menschheit die Lüge und die Ungerechtigkeit besiegen, den endgültigen Bruderfrieden unter den Völkern erobern."   Emile Zola

Auch wenn es schon des Öfteren tot gesagt wurde: Das Buch ist lebendiger denn je. Jedes Jahr kommen mehr neue Titel auf den Markt als im Jahr zuvor – trotz Fernsehen, Internet und einer Flut von Zeitschriften!

Doch die Sache hat leider einen Haken. Obwohl so viele Bücher erscheinen, lesen die Menschen deswegen noch lange nicht mehr und geben auch nicht mehr Geld für Lektüre aus als vorher. Hinzu kommt, dass ein Tag nur 24 Stunden hat und jeder Mensch davon nur einen ganz bestimmten Anteil für das Lesen reserviert hat. Und diesen Anteil machen dem Buch natürlich auch andere Medien wie Zei-

> **Obwohl so viele Bücher erscheinen, lesen die Menschen deswegen noch lange nicht mehr.**

tung, Zeitschriften und Internet streitig. Unter dem Strich schrumpfen die finanziellen Gewinne, die ein Verlag mit einem neuen Buch erzielen kann, in den letzten Jahren immer mehr.

Wenig Spielraum für Experimente

Die Verlage reagieren auf diese Entwicklung, indem sie sich immer stärker auf bestimmte Zielgruppen konzentrieren und vor allem versuchen, das wirtschaftliche Risiko eines neu erscheinenden Titels so gering wie möglich zu halten. Für riskante Experimente ist also in den seltensten Fällen Platz, im Gegenteil: Viele Verlage setzen vor allem auf bekannte und eingeführte Autoren. Bei Unbekannten halten Sie sich vorsichtig zurück, drucken, wenn überhaupt, zunächst nur sehr kleine Auflagen und investieren kaum in aufwendige Werbe- und Marketingstrategien.

Carlo Collodi schlurfte im Morgengrauen völlig deprimiert durch Florenz. Er hatte eine hohe Summe am Spieltisch verloren und sein Ehrenwort verpfändet, weil er nicht zahlen konnte. Da begegnete ihm der Verleger Felice Paggi, erfragte die Ursache seiner Niedergeschlagenheit und erbot sich sogleich, ihm das Geld zu geben. Der Dichter aber winkte ab. Nach einigen Stunden unruhigen Schlafes entsann er sich der Begegnung. Er ging ins Haus des Verlegers, fand dort den kritischen Betrag nebst Quittung: „Vorschuß auf ein innerhalb eines Jahres zu lieferndes Kinderbuch." Steckte das Geld ein, unterschrieb und schuf den »Pinocchio« ...

Manchmal muss man eben Glück haben! Leider ereignen sich solche Begebenheiten nur äußerst selten. Und wenn man sich vor Augen führt, wie viele Manuskripte den Lektoren Woche für Woche zugeschickt werden, wird klar, wie schwierig es gerade für einen Einsteiger ist, einen Verlag für sein Buchprojekt zu finden. Natürlich spielt hier auch das Genre eine Rolle: Wer sich in der hohen Literatur ansiedeln möchte, oder auch im Kinder- und Jugendbuchbereich, wird es schwerer haben als ein Autor im Unterhaltungssektor, der zu einem trendigen Thema schreibt. Doch niemand sollte sich zu früh entmutigen lassen: Wenn Sie von Ihrer Idee überzeugt sind, sie auf das Besondere und den Nutzen für Ihre Zielgruppe hin abgeklopft haben, dann wagen Sie ruhig den nächsten Schritt und begeben Sie sich überlegt auf die Suche nach einem geeigneten Verlag.

Das richtige Programm für Ihr Buch

Wer schon einmal auf der Frankfurter Buchmesse war und durch die Gänge der riesigen Ausstellungshallen gewandert ist, hat mit Sicherheit eine Vorstellung davon, wie viele Verlage es alleine in Deutschland gibt. Es sind tausende. Manche sind riesig und beherbergen zahlreiche kleinere Verlage unter ihrem Dach, andere wiederum sind relativ überschaubar und spezialisiert auf ein klar umgrenztes Gebiet. Insgesamt sind rund 2 000 Verlage Mitglied im Börsenverein des Deutschen Buchhandels.

In welchem Genre bewegen Sie sich?

Nur, wenn das Genre Ihres Buches exakt in das Programm eines Verlages passt, ist es sinnvoll, diesen anzusprechen. In eines dieser Gebiete sollte Ihr Projekt fallen; Überschneidungen verschiedener Genres sollten Sie vermeiden, da sie später auch dem Buchhandel schwer vermittelbar wären.

Belletristik umfasst das große Feld der Unterhaltungsliteratur und richtet sich zumeist an ein breites Publikum. Fast immer handelt es sich um Romane, die eine fiktive Geschichte erzählen – ob als Krimi, Science-Fiction oder Liebesepos. Falls Sie einem Verlag einen Roman anbieten möchten, achten Sie darauf, dass er sich mit dessen Schwerpunkten deckt: Eine reine Liebesgeschichte wird kaum in ein Programm aufgenommen, das ausschließlich aus Krimis besteht.

Sachbücher richten sich an ein interessiertes, aber nicht unbedingt auf dem Gebiet bewandertes Publikum und erklären einen bestimmten Sachverhalt – durchaus auch subjektiv aus der Sicht des Autors.

Ratgeber werden in erster Linie für Betroffene geschrieben und erklären dem Leser, was er in einer bestimmten Situation tun kann, müssen diesem also einen Nutzen bringen.

Fachbücher wenden sich an Leser mit in der Regel hohen Vorkenntnissen auf einem bestimmten Gebiet und dienen dazu, dieses Wissen zu vertiefen oder zu aktualisieren. Der Autor ist selbstverständlich Experte seines Themas.

Kinderbücher beginnen bei Bilderbüchern für die ganz Kleinen, die ältesten Leser sind zehn bis zwölf Jahre alt. Kinderbücher sollen die jungen Leser in erster Linie unterhalten, im Idealfall aber auch Wissen vermitteln.

Jugendbücher richten sich an Teenager und haben meist deren ganz spezielle Probleme und Alltagssituationen zum Inhalt.

Welches ist nun das richtige Genre für Ihr Projekt? Das ist eine Frage, der Sie in Ruhe auf den Grund gehen sollten, bevor Sie Ihr Exposé auf die Reise schicken. Denn wichtig ist, dass Ihr Buchprojekt überhaupt zum Programm und der Ausrichtung eines Verlages passt – andernfalls haben Sie von vornherein ihre Zeit verschwendet, die Sie wesentlich sinnvoller für Ihr Buch einsetzen können. Gehen Sie am besten systematisch vor, um die infrage kommenden Verlage einzugrenzen.

> **Wichtig ist, dass Ihr Buchprojekt zur Ausrichtung eines Verlages passt.**

Die größten Verlage sichten: Das Magazin „Buchreport" veröffentlicht auf seiner Homepage www.buchreport.de unter der Rubrik „Analysen und Dossiers" in jedem Jahr eine Liste der 100 größten deutschsprachigen Verlage, inklusive deren Themenschwerpunkten sowie wichtigen Ansprechpartnern. Für das Jahr 2007 waren die Top 50:

1 Springer Science+Business Media, Berlin (Wissenschaft)
2 Klett-Gruppe, Stuttgart (Schulbuch)
3 Cornelsen Verlagsgruppe, Berlin (Schulbuch)
4 Westermann Verlagsgruppe, Braunschweig (Schulbuch)
5 Random House, München (Sachbuch, Ratgeber)
6 Weltbild, Augsburg (Sachbuch)
7 Weka Firmengruppe, Kissing (Ratgeber, Fachbuch, Nachschlagewerke)

8 Haufe Gruppe, Freiburg/Breisgau (Fachbuch und Ratgeber)

9 MairDuMont, Ostfildern (Reiseführer)

10 Wolters Kluwer Deutschland, Köln (Fachbuch)

11 Thieme, Stuttgart (Fachbuch, Ratgeber)

12 Rentrop Verlagsgruppe, Bonn (Fachinformationen im Direktvertrieb)

13 Deutscher Fachverlag, Frankfurt/Main (Fachinformationen im Direktvertrieb)

14 C.H. Beck, München (Sach- und Fachbuch)

15 Wiley-VCH, Weinheim (Fachbuch)

16 BI/Brockhaus, Mannheim (Nachschlagewerke und Wörterbücher)

16 Vogel Medien Gruppe, Würzburg (Fachbuch)

18 Langenscheidt, München (Wörterbücher)

19 Carlsen, Hamburg (Kinder- und Jugendbuch)

20 Verlagsgruppe Droemer Knaur, München (Sachbuch)

21 S. Fischer, Frankfurt/Main (Sachbuch)

22 Rowohlt, Reinbek (Sachbuch)

23 Landwirtschaftsverlag, Münster (Fachbuch)

24 Elsevier GmbH, München (Fachbuch)

25 Deutscher Ärzte Verlag, Köln (Fachbuch)

26 Friedrich Oetinger, Hamburg (Kinder- und Jugendbuch)

27 VG Hüthig · Jehle · Rehm, Heidelberg (Fachbuch)

28 Gräfe und Unzer, München (Ratgeber)

29 Piper, München (Sachbuch)

30 DAV Verlagsgruppe, Stuttgart (Fachbuch)

31 Delius Klasing, Bielefeld (Sachbuch, Ratgeber)
32 Carl Hanser Verlag, München (Sach- und Fachbuch)
33 Verlagsgruppe Lübbe, Bergisch Gladbach (Sachbuch)
34 Egmont Holding, Berlin (Kinder- und Jugendbuch)
35 Herder, Freiburg (Sachbuch)
36 Ravensburger Buchverlag Otto Maier, Ravensburg
    (Kinder- und Jugendbuch)
37 Bildungsverlag Eins, Troisdorf (Schulbuch)
38 Beuth Verlag GmbH, Berlin (Fachbuch)
39 Deutscher Taschenbuch Verlag, München (Sachbuch)
40 Suhrkamp, Frankfurt/Main (Literatur)
41 Ullstein Buchverlage, Berlin (Sachbuch und Ratgeber)
42 Langen Müller Herbig, München (Sachbuch, Ratgeber)
43 ADAC Verlag, München (Ratgeber, Reiseführer)
44 de Gruyter, Berlin (Nachschlagewerke)
45 Diogenes, Zürich (Sachbuch)
46 Kohlhammer, Stuttgart (Fachbuch)
47 Pearson Education Deutschland, München (Lehrbuch)
48 Dr. Otto Schmidt, Köln (Fachbuch)
49 Hogrefe, Göttingen (Fachbuch)
50 Coppenrath Verlag, Münster (Kinder- und Geschenk-
    buch)

Unter diesen Verlagen können Sie schon einmal eine grobe
Vorauswahl treffen: Überlegen Sie, zu welchen Programm-
schwerpunkten Ihr Buchprojekt passen könnte.

Den Kreis enger ziehen: Aus der langen Liste der großen Verlage können Sie nun all diejenigen streichen, die für Sie nicht infrage kommen. Wenn Sie beispielsweise einen Gesundheitsratgeber planen, brauchen Sie Häuser, die sich auf Schulbücher oder auf Belletristik spezialisiert haben, gar nicht erst anzuschreiben. Keine Sorge: Es werden noch genügend mögliche Verlage übrigbleiben.

Ausführlich informieren: Jetzt sollten Sie sich die Zeit nehmen, sich ein genaueres Bild von den Verlagen zu machen, die in die engere Wahl kommen. Mittlerweile haben alle einen mehr oder weniger übersichtlichen Internetauftritt, der über das bestehende Programm, Neuerscheinungen sowie in manchen Fällen auch über die Vorschau informiert. Sie können sich natürlich auch die aktuellen Kataloge und Vorschauen schicken lassen – das bietet sich an, wenn ohnehin nur wenige Verlage für Sie infrage kommen.

Ein Blick auf die Ausrichtung: Ratgeber sind nicht gleich Ratgeber, Romane nicht gleich Romane. Deshalb sollten Sie nun hinterfragen, bei welchem Verlag Sie sich am wohlsten fühlen würden. Planen Sie beispielsweise einen Regionalkrimi, dann sollten Verlage für Sie erste Wahl sein, die bereits solche Titel veröffentlicht

Bei welchem Verlag würden Sie sich wohl fühlen?

haben. Oder Sie schreiben an einem Ratgeber zum Thema „Allergie". Dann gehören natürlich Verlage auf Ihre Liste, die eine entsprechende Gesundheitsreihe in ihrem Programm haben. Auch die Ausrichtung eines Hauses kann eine Rolle spielen: Es gibt Verlage, die sich sehr stark an kirchlichen Werten und Themen orientieren, andere wiederum setzen esoterische Schwerpunkte, während die nächsten eher provokativ daherkommen. Nicht zuletzt gibt die Liste der Autoren, die bereits in dem betreffenden Verlag veröffentlicht haben, Aufschluss über die Linie eines Hauses und darüber, ob Sie dort am richtigen Platz sind. Denn haben die Autoren einen ähnlichen Hintergrund wie Sie, werden Sie sich in einem solchen Verlag mit Sicherheit auch besser aufgehoben fühlen.

Konkurrenz ausschließen: Sie haben also jetzt eine Auswahl von Verlagen, die vom Genre und der Programmausrichtung zu Ihnen passen könnten. Dann sollten Sie sich noch einmal ansehen, welche Titel dort bereits zu Ihrem Thema erschienen sind. Gibt es Bücher, die sogar in Konkurrenz zu Ihrem Buch stehen könnten? Dann werden Sie vermutlich nur geringe Chancen haben, Ihr eigenes Projekt dort umzusetzen. Hilfreich ist es auch, sich die Zielgruppen der einzelnen Verlage genauer zu betrachten. Möglicherweise erhalten Sie hier wichtige Informationen, die Sie noch in Ihr Exposé einbauen sollten, bevor Sie es verschicken.

Weniger ist manchmal mehr
Bei jedem dieser Schritte wird die Liste der für Sie infrage kommenden Verlage immer kürzer werden, und das ist auch richtig so. Notieren Sie sich, wenn möglich, nicht mehr als zehn Verlage, die Sie anschreiben wollen, und ordnen Sie auch diese wiederum nach Prioritäten. Dann können Sie damit beginnen, die jeweiligen Ansprechpartner dort gezielt anzuschreiben.

An wen wenden Sie sich?

Ihr erster Ansprechpartner, wenn Sie ein Konzept oder ein Manuskript anbieten möchten, ist immer der zuständige Lektor eines Verlages. Wenn Sie also verhindern wollen, dass Ihr Angebot auf irgendeinem Schreibtisch landet, auf dem es eigentlich nichts zu suchen hat, oder dass es in den riesigen Stapeln zusammen mit Hunderten von weiteren Angeboten verschwindet, sollten Sie sich die Mühe machen und herausfinden, wer genau für Ihr Themengebiet zuständig ist.

Gerade größere Verlage haben das Buchprogramm in verschiedene Sachgebiete unterteilt, für die jeweils ein anderer Ansprechpartner verantwortlich ist. Und dieser wiederum hat verschiedene Mitarbeiter um sich, die für ihn die erste Sichtung der eingesandten Buchangebote vornehmen und alles, was nicht infrage kommt, von vornherein aussortieren.

Der Lektor, das scheue Wesen

Mit anderen Worten: Etliche Manuskripte treten den Weg zurück zum Autor an, ohne jemals vom Lektor persönlich gelesen oder auch nur überflogen worden zu sein. Das hat nichts mit Überheblichkeit oder Ignoranz zu tun, sondern mit der Arbeitsbelastung in den Lektoraten: Bei einer so großen Zahl von Angeboten, die täglich den Verlagen zugesandt werden, ist es schlicht und ergreifend unmöglich, dass der zuständige Lektor jedes einzelne davon in Augenschein nehmen kann. Dabei ist es dann natürlich durchaus möglich, dass eine Idee abgelehnt wird, die im Kern gut und interessant klingt, das Buchkonzept an sich jedoch nicht in das Verlagsprogramm passt.

Um zu verhindern, dass Ihrem Projekt dieses Schicksal ereilt, sollten Sie alles daran setzen, mit dem zuständigen Lektor Kontakt aufzunehmen, bevor Sie Ihr Konzept an den Verlag schicken. Das ist leichter gesagt als getan, denn Lektoren treten nicht gerne in den Vordergrund. Nur sehr selten werden Sie ihre Telefonnummern oder E-Mail-Adressen auf der Internetseite oder in einem Programmkatalog finden. Aus gutem Grund, denn vermutlich käme ein Lektor sonst gar nicht mehr dazu, auch nur ein Manuskript zu sichten.

> **Viele Autoren begehen den Fehler, alles so ausführlich wie möglich schildern zu wollen.**

Die größte Erfolgsaussicht, einen Kontakt zu dem zuständigen Lektor herzustellen, haben Sie, indem Sie in der Zentrale des Verlages anrufen. Schildern Sie so knapp wie möglich, um welches Thema es Ihnen geht, und bitten Sie darum, mit dem zuständigen Ansprechpartner verbunden zu werden. Sollte das nicht funktionieren – auch Lektoren haben natürlich etliche Termine –, dann lassen Sie sich Namen, Durchwahl oder E-Mail-Adresse geben. Selbst wenn die Zentrale diese Daten nicht herausrücken sollte, sind Sie immerhin schon im Vorteil, wenn Sie die genaue Bezeichnung des zuständigen Verlagsbereiches sowie den Namen des entsprechenden Lektors kennen. So können Sie Ihr Angebot direkt an diesen persönlich schicken – die meisten anderen tun das nämlich nicht.

Das Wichtigste auf den Punkt bringen

Noch besser ist es natürlich, wenn Sie die Möglichkeit bekommen, mit dem Lektor zu sprechen. Dann sollten Sie Ihre Chance nutzen und sich vor allem kurz fassen! Viele Autoren begehen bei dieser Gelegenheit den Fehler, alles so ausführlich wie möglich schildern zu wollen: Wer sie sind, wie sie auf die Idee zu dem Buch kamen, was genau darin alles vorkommen soll und vieles weitere mehr. Damit erreichen sie in erster Linie eines, nämlich, dass der Lektor ungeduldig auf seine Uhr schaut und das Gespräch irgendwann nur noch schnell beenden möchte.

Damit Ihnen so etwas nicht passiert, liefern Sie ihm möglichst kurz und prägnant die wichtigsten Informationen, die er braucht, um Ihr Angebot beurteilen zu können. Der

Inhalt wird ihn zunächst nicht in jedem Detail interessieren, umso mehr aber, was das Besondere an Ihrem Konzept ist, an welche Zielgruppe es sich richtet, und warum ein solches Buch gerade für seinen Verlag interessant sein könnte. Erwähnen sollten Sie natürlich auch, wer Sie sind, und warum ausgerechnet Sie dieses Buch schreiben können. Dagegen benötigt der Lektor zu diesem Zeitpunkt noch nicht sämtliche Stationen Ihres Lebenslaufes.

In vielen Fällen ist ein solches Gespräch nach wenigen Minuten bereits zu Ende – mit einer freundlichen Absage des Lektors. Versuchen Sie dann nicht, ihn umzustimmen, oder mit ihm zu diskutieren, denn das wird am Ergebnis nichts ändern. Allenfalls sollten Sie nachfragen, ob er sich vorstellen könnte, eventuell an einem anderen Projekt mit Ihnen zusammenzuarbeiten. Möglicherweise hat er sogar einen Vorschlag für ein Konzept, das besser in sein Programm passen würde.

Das weitere Vorgehen vereinbaren

Wenn es gut läuft, schaffen Sie es jedoch, das Interesse eines Lektors zu wecken. Das merken Sie vor allem daran, dass er Ihnen Fragen stellt, mehr über Sie und Ihr Konzept wissen möchte. Antworten Sie auch hier nicht zu langatmig, und schlagen Sie vor, ihm das Konzept zusammen mit einer Textprobe zuzuschicken. Stimmt der Lektor zu, lassen Sie sich am besten gleich seine E-Mail-Adresse geben, an die

Sie Ihr Angebot schicken können. Und fragen Sie ihn auch nach dem weiteren Vorgehen: Bis wann könnte er sich Ihre Unterlagen angesehen haben, wann können Sie Ihn wieder anrufen, oder wird er sich bei Ihnen melden. Vereinbaren Sie auch hier einen Termin, dann wissen Sie, wann Sie wieder nachhaken können, ohne zu fordernd zu wirken oder dem Lektor das Gefühl zu geben, ihn unter Druck zu setzen. Bauen Sie diese Vereinbarungen am besten in Ihr Anschreiben an den Lektor ein, das Sie mit Ihrem Buchkonzept möglichst kurz nach dem Telefonat verschicken sollten. So hat Ihr Gesprächspartner Sie noch frisch im Gedächtnis, und wenn Sie Glück haben, überfliegt er Ihre Unterlagen schon einmal.

Notizen helfen Zeit sparen

Die Zeit ist knapp in den Lektoraten der Verlage. Deshalb sollten Sie sie nutzen, wenn sich die Möglichkeit bietet, den Lektor persönlich am Telefon zu sprechen. Damit Sie alle wichtigen Informationen parat haben, machen Sie sich am besten im Vorfeld Notizen. Schreiben Sie auf, was für den Lektor wichtig sein könnte – entweder in Stichpunkten oder, wenn Sie etwas unsicher sind, auch ausführlicher. Wesentlich sind vor allem die Punkte:

- Wer sind Sie, was machen Sie beruflich?
- Worum geht es in Ihrem Konzept – was ist der Schwerpunkt, was das Besondere?
- An welche Zielgruppe richtet sich Ihr Buch?

- Welche Verkaufsargumente gibt es – was hat der Verlag davon, Ihr Buch zu drucken?

Gehen Sie vor dem Telefonat noch einmal alles durch, was Sie sagen wollen, und stoppen Sie dabei die Zeit: Innerhalb von 20 Sekunden sollten Sie sich und Ihr Konzept vorgestellt haben. Machen Sie sich am besten außerdem noch Notizen für den Fall, dass der Lektor Rückfragen hat, beispielsweise zur geplanten Länge des Manuskriptes, der Gliederung oder zu möglichen Konkurrenztiteln.

Agenturen für Autoren

Immer mehr Autoren hierzulande tun das, was beispielsweise in Amerika schon lange gang und gäbe ist: Sie vertrauen sich einem Literaturagenten an. Ob auch Sie das Angebot eines Agenten in Anspruch nehmen möchten, sollten Sie sich möglichst frühzeitig überlegen, denn Agenturen nehmen in der Regel nur die Vermittlung von Projekten an, die noch keinem Verlag angeboten wurden. Als letzten Ausweg nach zehn Absagen sehen sie sich in der Regel nicht.

Agenturen nehmen meist nur die Vermittlung von Projekten an, die noch keinem Verlag angeboten wurden.

Wie finden Sie einen Agenten?

Eine Hilfe bei der Suche nach einer passenden Agentur ist auch hier wieder das Internet. Entweder stöbern Sie in den Ergebnissen, die Ihnen unter dem Suchbegriff „Literaturagent" aufgelistet werden, oder Sie recherchieren auf der Seite www.litscage.com. Dort können Sie gezielt nach Agenten suchen und sich bereits im Vorfeld über deren Spezialgebiete informieren. Denn nicht jede Agentur betreut Autoren jedes Genres. Manche kümmern sich ausschließlich um den Sachbuchbereich, andere wiederum haben sich auf Belletristik spezialisiert oder bewegen sich ausschließlich im Lizenzgeschäft.

Bevor Sie mit einer Agentur in Kontakt treten, sollten Sie sich noch einmal genau informieren, ob Ihr Buchprojekt in das Portfolio passt. Meistens ist das Leistungsspektrum bereits auf der Internetseite ausführlich dargestellt, ein kurzer Anruf ist jedoch ebenfalls möglich. Dabei können Sie auch gleich erfragen, welches Honorar die Agentur ihren Autoren berechnet. Üblich ist eine Provision zwischen 10 und 20 Prozent des Autorenhonorars – natürlich nur, wenn tatsächlich ein Vertragsabschluss zustande kommt. Im Ratgeber- und Sachbuchbereich ist derzeit ein Satz von 20 Prozent üblich.

Das mag sich im ersten Moment natürlich recht hoch anhören – wenn man beispielsweise von einem Garantiehonorar von 3.000 Euro ausgeht, bekommt der Agent davon immerhin 600 Euro. Rechnet man das allerdings in die Stunden um, die investiert werden müssen, um ein Manuskript erfolgreich zu vermitteln und den Autor anschließend kompetent zu unterstützen, bewegt sich die Provision jedoch in einem vertretbaren Rahmen.

Professionelle Vermittlung

Was also können Sie von einem Literaturagenten erwarten? Zunächst wird er viele Informationen über Sie und Ihr Projekt sammeln. Das heißt, er benötigt das ausführliche Exposé, den Probetext und die Angaben über Sie als Autor. Auf dieser Grundlage entscheidet er, ob er eine Möglichkeit sieht, Ihr Buch erfolgreich an einen Verlag zu vermitteln.

Von der Schokoladenseite zeigen

Auch Literaturagenturen bekommen täglich mehrere Anfragen von Autoren – und Menschen, die es gerne werden möchten – auf den Tisch. Deshalb sollten Sie auch hier Wert darauf legen, sich und Ihr Projekt möglichst aussagekräftig zu präsentieren. Je Erfolg versprechender und ausgereifter Ihr Konzept ist, desto höher ist Ihre Chance auf einen Vermittlungsvertrag, der in den meisten Fällen tatsächlich in einen konkreten Buchauftrag mündet.

Ist dies der Fall, schließen Sie und Ihr neuer Agent einen schriftlichen Vertrag, in dem Sie ihn ausdrücklich mit der Vermittlung beauftragen und ihm im Erfolgsfall eine Beteiligung an Ihrem Honorar zusichern. Dann geht es in der Regel auch schon los: Gemeinsam mit Ihnen wird die Agentur Ihr Exposé bearbeiten, gegebenenfalls ergänzen oder optimieren. Das betrifft ebenso Ihre eigene Präsentation als Autor. Der Vorteil daran ist, dass ein erfahrener Agent die Bedürfnisse der Verlage und ihrer Lektoren genau kennt und das Exposé auf deren Wünsche zuschneiden kann.

Dann erstellt er eine Auswahl von Verlagen, die für Ihr Konzept infrage kommen. Hier gibt es nun unterschiedliche Vorgehensweisen. Während einige Agenturen ein Projekt gleich mehreren Häusern gleichzeitig anbieten, und dem besten Angebot den Zuschlag erteilen, wenden sich andere zunächst an einen Verlag, der ihnen als geeignetster Partner für das jeweilige Buchkonzept erscheint und erweitert erst den Kreis, wenn dieser Verlag absagt.

Agenten kennen die Bedürfnisse der Verlage und ihrer Lektoren.

Da Agenten die jeweiligen Programmleiter und zuständigen Lektoren in den verschiedenen Verlagen kennen, entstehen dabei keine Reibungsverluste, denn die Manuskripte gelangen ohne Umwege genau dorthin, wo sie auch hingehören.

Manchmal ist Geduld gefragt

Jetzt beginnt in der Regel erst einmal eine Zeit des Wartens, die vor allem von den Autoren ein wenig Geduld verlangt. Denn der Lektor des Verlages wird nicht immer sofort dazu kommen, eingehende Angebote zu prüfen, und der Agent tut gut daran, ihn nicht zu sehr zu drängen. Kommt der Lektor schließlich zu dem Schluss, dass das Konzept in das Verlagsprogramm passen könnte, muss er das Projekt erst einmal intern vorstellen: Verlagsleitung, Vertrieb, Marketing – all diese Abteilungen müssen mit ihm an einem Strang ziehen, wenn das Buch später ein Erfolg werden soll, und auch dieser Prozess kann eine Weile in Anspruch nehmen. Wie lange, lässt sich im Einzelfall nie vorhersagen.

Manche Konzepte treffen vielleicht genau zur richtigen Zeit ins Schwarze, andere wiederum liegen monatelang in der Warteschleife, bevor die Verhandlungen konkreter werden. Dann kann es durchaus vorkommen, dass der Lektor noch einige Fragen zum geplanten Buch hat, oder Vorschläge für Nachbesserungen oder Änderungen macht. Diese klärt der Agent mit dem Autor oder vermittelt – wenn umfangreichere Dinge geklärt werden müssen – einen direkten Kontakt zwischen Lektor und Autor. Sind die beiden sich dann einig, steht einem Verlagsvertrag nichts mehr im Wege!

Was kann man besser machen?
Natürlich kann es auch passieren, dass ein Agent die Vermittlung Ihres Buchprojektes ablehnt. Das ist angesichts des Angebotes an Konzepten durchaus nichts Ungewöhnliches. Anders als beim Lektor eines Verlages, können Sie aber hier ruhig noch einmal nachfragen, warum der Agent Ihrem Projekt so wenig Aussicht auf Erfolg einräumt. Vielleicht kann er Ihnen noch den ein oder anderen wertvollen Tipp mit auf den Weg geben, wie Sie Ihr Konzept sinnvoll verändern könnten. Den Versuch ist es allemal wert!

Vorsicht vor schwarzen Schafen

Eine Literaturagentur kann dem Autor also viel Arbeit abnehmen und ihm im Zweifelsfall effektiv zu einem Vertrag mit einem Verlag verhelfen. So sparen Sie nicht nur Zeit und Nerven – Sie erhalten auch erfahrene Unterstützung bei der Umsetzung Ihres Buchprojektes. Aus diesen Gründen ziehen immer mehr Autoren, besonders wenn sie ihr erstes Buch in Angriff nehmen, den Weg über eine Agentur vor. Leider gibt es aber auch in diesem Bereich die berühmten schwarzen Schafe, die weniger Ihre Interessen im Sinn haben als einen möglichst hohen Verdienst bei relativ geringem Einsatz.

Woran können Sie nun erkennen, mit wem Sie es zu tun haben? In erster Linie daran, für welche Leistungen Sie zur Kasse gebeten werden, und was die Agentur als selbstverständlich ansieht. So erhält ein Agent seine Provision normalerweise nur im Erfolgsfall, das heißt, wenn er Sie erfolgreich an einen Verlag vermittelt hat. Verlangt er schon vorher Geld von Ihnen, ist das in der Regel ein schlechtes Zeichen, selbst wenn es sich nur um kleinere Beträge handeln sollte.

Verzichtbare „Leistungen"

Literaturagenturen, die in erster Linie an Ihrem Geld und vermutlich leider weniger an Ihrem Buch interessiert sind, verlangen durchaus schon mal eine Einreichungs- oder Bearbeitungsgebühr für das Manuskript, stellen dessen Bewertung oder eine Expertise in Rechnung oder veranschlagen eine Vertragsabschlussgebühr beim Zustandekommen eines Vertretungsvertrags. Hinzu kommen können eine Unkostenbeteiligung des Autors bei der Verlagsakquise, ein kostenpflichtiges Lektorat vor der Vermittlung, Zahlungen für Zusatzdienstleistungen oder eine bevorzugte Behandlung. Es gibt auch Agenten, die Autoren an einen Zuschussverlag oder Print-on-Demand-Dienstleister weitervermitteln, mit dem sie in enger Verbindung stehen und dafür zusätzlich Geld verlangen.

Dubiose Agenten sind auch bei den Verlagen nicht gerne gesehen.

Solche „Dienstleistungen" und deren Kosten werden dann gerne als branchenüblich bezeichnet, und viele neue Autoren akzeptieren dies in der Hoffnung auf den ersehnten

Verlagsvertrag. Auch deshalb, weil ihnen der betreffende Agent erklärt, dass die Kosten mit dem Verkauf des Buches später wieder hereinkommen würden. Leider stehen diese Chancen gerade bei dubiosen Agenten in der Regel sehr schlecht, denn diese Spezies ist auch bei den Verlagen nicht gerne gesehen, was ihren Vermittlungserfolg nicht gerade steigert.

Hilfe vom Experten

Falls Sie sich unsicher sind, ob das Vertragsangebot des von Ihnen gewählten Agenten wirklich seriös ist, lassen Sie es vor der Unterschrift ruhig noch einmal von einem Anwalt prüfen. Achten Sie jedoch darauf, dass dieser im Verlagsrecht bewandert ist, denn hier gelten einige Besonderheiten, die nicht allen Rechtsanwälten geläufig sind.

Verlag sucht Autoren

Wer von einer Zukunft als Bestseller-Autor träumt, ist bei einem Verlag am besten aufgehoben, der möglichst stark auf dem Markt vertreten ist und über entsprechende Vertriebskanäle verfügt. Das sind die Voraussetzungen dafür, dass das Buch später tatsächlich beworben und dem Buchhandel schmackhaft gemacht wird.

So viele Verlage es in Deutschland gibt – bei weitem nicht alle bieten diese optimalen Bedingungen. Vermutlich wer-

den auch Sie schon einmal eine Anzeige mit der Über-
schrift „Verlag sucht Autoren" gelesen haben. Doch warum,
fragt man sich, werden hier händeringend Manuskripte
gesucht, derer sich andere Verlage kaum erwehren können? Die Antwort ist ganz einfach: Buchverlage im eigentlichen Sinne haben ein festgelegtes Programm, dem alle
neuen Titel untergeordnet werden sowie natürlich
bestimmte Ansprüche an die Qualität von Inhalten und
Umsetzung. Unternehmen, die nach dem Prinzip „Verlag
sucht Autoren" vorgehen, produzieren dagegen Bücher im
Auftrag des jeweiligen Autors. Er alleine entscheidet, was
und wie es gedruckt wird – und trägt dafür auch die Kosten. Das heißt, er übernimmt das volle wirtschaftliche
Risiko. Denn ein solcher Verlag betreibt natürlich auch
keine Werbung für die gedruckten Werke und entsendet
keine Vertreter in die Buchhandlungen.

Option für einen überschaubaren Leserkreis

Das klingt natürlich erst einmal nach Abzocke und ist für
jemanden, der ernsthaft Autor – oder gar Bestseller-Autor
– werden möchte, keine sinnvolle Option. Der Weg über
einen solchen Verlag kann jedoch auch etwas für sich
haben, nämlich dann, wenn man ein Buch von vornherein
für einen kleinen, begrenzten Leserkreis veröffentlichen
möchte, und das Werk für das breite Publikum ohnehin
nicht von Interesse ist. Das kann beispielsweise bei Firmen-

oder Familienchroniken der Fall sein oder bei Vereins-
publikationen, die in erster Linie für die Mitglieder gedacht
sind. Kein größerer, professioneller Verlag würde einen
solchen Titel in sein Programm aufnehmen, dennoch
haben diese Bücher durchaus ihre Berechtigung und können auf diese Weise im Sinne ihrer Autoren umgesetzt
werden. Der Vorteil ist, dass der
Druckkostenzuschuss-Verlag seinem
Kunden alle technischen Details
abnimmt. Das heißt, dieser muss sich
nicht um den Satz oder den Druck
kümmern, er übergibt einfach sein

> **Der Vorteil ist, dass
> der Druckkostenzu-
> schuss-Verlag seinem
> Kunden alle technischen
> Details abnimmt.**

fertiges Manuskript und hält später das gedruckte Buch in
den Händen. Wer sich für einen Verlag entscheidet, bei
dem er die Herstellungskosten selbst übernehmen muss,
sollte jedoch genau hinsehen. Denn wie fast überall, gibt
es auch unter diesen Unternehmen schwarze Schafe, die
versuchen, ihre Kunden über den Tisch zu ziehen. Lesen
Sie sich also den Vertrag genau durch, und achten Sie darauf, dass Sie über alle anfallenden Kosten vorher informiert
sind. Ebenso wichtig ist eine klare Regelung über die
Anzahl der zu druckenden Bücher, auf der Sie später auch
bestehen sollten.

Erinnerungen für Familie oder Firma

Das eigene Leben ist etwas Einzigartiges. Kein Wunder, dass viele Menschen das Bedürfnis haben, ihre Erfahrungen und Erlebnisse möglichst vielen anderen mitzuteilen. Doch oft sind diese persönlichen Erinnerungen lediglich für einen kleineren Personenkreis interessant, ein größerer Verlag wird sie nur sehr selten in sein Programm aufnehmen. Falls auch Sie Ihre persönliche Geschichte niedergeschrieben haben, hinterfragen Sie noch einmal Ihre wahre Motivation: Ging es Ihnen in erster Linie darum, Ereignisse, die für Sie, Ihre Familie oder Ihre Firma wichtig waren, festzuhalten, damit Sie später einmal nicht in Vergessenheit geraten? Dann ist es für Sie möglicherweise eine sinnvolle Alternative, Ihr Buch in Eigenregie drucken zu lassen. Insbesondere dann, wenn Sie bereits mehrere Absagen von Verlagen oder Agenturen erhalten haben, und das Buch ohnehin ein einmaliges Projekt für Sie darstellt.

Selbstverlag

Wenn Ihr Manuskript bereits von vielen infrage kommenden Publikumsverlagen abgelehnt wurde, Sie jedoch von Ihrem Buch nach wie vor fest überzeugt sind, haben Sie vielleicht schon über die Möglichkeit des Selbstverlages nachgedacht. Dieser Schritt will natürlich gut überlegt sein, denn damit übernehmen Sie die volle Verantwortung für

Ihr Projekt – sowohl in finanzieller Hinsicht als auch die Umsetzung und Herstellung betreffend.

Bei allen Risiken bietet der Selbstverlag aber auch durchaus Chancen. Und formal gesehen, stehen diesem Unternehmen auch keine Hindernisse im Weg, denn im Grunde kann jeder Erwachsene bei der zuständigen Gemeindeverwaltung einen Gewerbeschein beantragen, der ihn zum kaufmännischen Vertrieb der eigenen Bücher berechtigt. Soll der Verlag nicht nur Ihren Namen tragen, sondern eine besondere Bezeichnung, müssen Sie diese auch ins örtliche Handelsregister eintragen lassen. Die Kosten für diese Formalitäten sind regional unterschiedlich, halten sich jedoch in Grenzen. Mit der Gewerbeanmeldung wird auch das Finanzamt von der neuen Geschäftstätigkeit informiert, sodass Sie zukünftig über Einnahmen und Ausgaben Rechenschaft ablegen sowie Umsatz- und Gewinnerwartungen einschätzen müssen.

Insiderwissen ist gefragt

Ein Buch zu schreiben, ist die eine Sache. Ihm eine Form zu geben, es drucken zu lassen und zu verkaufen, eine andere. Denn abgesehen von ökonomischen Aspekten gibt es eine Menge zu bedenken. Sie werden mit einer Vielfalt an Möglichkeiten in Druck, Papierauswahl, Bindungsart, Umschlagmaterial konfrontiert sein und müssen der Druckerei gegenüber exakte Angaben über Papiersorte, ihre Grammatur, Volumen, Farbskalen für Abbildungen und

Umschläge, Art der Bindung und Einband, Überzug, Oberflächenveredelung und vieles mehr machen.

In all diesen Details sollten Sie sich auskennen, um Angebote von Druckereien beurteilen zu können. In einem Verlag werden diese Aufgaben von den Mitarbeitern in der Herstellung übernommen. Sie stehen meist mit verschiedenen Druckereien in Kontakt und versuchen, für die verschiedenen Buchprojekte die jeweils besten Konditionen auszuhandeln, ohne dabei den Blick für die Qualität zu verlieren. Fehlen Ihnen die Grundkenntnisse auf diesem Gebiet, sollten Sie sich lieber an einen professionellen Druck- und Verlagsdienstleister wenden, der das Projekt in allen technischen Fragen betreut. Allerdings sind diese zusätzlichen Leistungen nicht kostenfrei, sondern müssen in der Regel teuer bezahlt werden. Und selbst wenn Sie einen externen Dienstleister in die Pflicht nehmen, ist es immer ratsam, Wissenslücken rund um die Buchherstellung aufzufüllen. Nur so können Sie schließlich guten Gewissens die Qualität und die entstandenen Kosten einschätzen und beurteilen.

Selbst wenn Sie einen externen Dienstleister in die Pflicht nehmen, ist es immer ratsam, Wissenslücken aufzufüllen.

Wie hoch sollte die erste Auflage sein?

Bevor Sie Ihr Werk in den Druck geben, müssen Sie entscheiden, in welcher Auflage es erscheinen soll. Dabei spielt natürlich die Überlegung eine Rolle, wie viele Bücher verkauft werden müssen, um die Kosten für ihre Herstellung zu decken. Doch das sollte nicht das einzige Argument für eine bestimmte Auflagenhöhe sein, wichtig ist auch die Frage, welche Anzahl an Büchern sich realistischerweise verkaufen lässt. Lassen Sie zu viele drucken, ist zwar der Herstellungspreis pro Stück geringer, doch die Lagerkosten machen diese Ersparnis wieder zunichte. Planen Sie deshalb lieber vorsichtig, ein Nachdruck ist immer noch möglich, wenn die Auflage vergriffen sein sollte.

Wohin mit all den Büchern?

Bevor Sie den Druckauftrag erteilen, sollten Sie wissen, wo Sie Ihre Bücher lagern wollen, bis sie ihren Weg zu den Lesern oder in die Buchläden finden. Es gibt professionelle Buchauslieferungen, die auch die Lagerung übernehmen, was aber zusätzliche Kosten verursacht und sich bei einem einzigen Titel kaum lohnt.

Möchten Sie die Bücher zu Hause aufbewahren, achten Sie darauf, dass sie keiner Sonnenbestrahlung ausgesetzt sind. Kellerräume eignen sich ebenfalls nicht unbedingt als Lager, vor allem dann nicht, wenn sie feucht sind, denn insbesondere nicht eingeschweißte Bände riechen mit der Zeit muffig und werden damit unverkäuflich. Vielleicht verfügen Sie über einen trockenen Abstellraum, in den wenig Tageslicht dringt – dann können Sie Ihre Bücher hier durchaus lagern.

Es ist vollbracht, die frisch gedruckten Werke sind geliefert. Nun müssen sie ihren Weg zu den Menschen finden, für die sie gedacht sind: zu den Lesern. Wenn Sie wollen, dass man Ihr Buch im Handel kaufen kann, müssen Sie nun die Buchhändler von Ihrem Titel überzeugen. Die reine Information darüber, dass das Buch erschienen ist, reicht dafür nicht aus, denn auch eine Buchhandlung nimmt nur die Titel ab, bei denen sie davon ausgeht, dass ihre Kunden sie auch kaufen. Der Buchhändler erwartet von Ihnen also stichhaltige Verkaufsargumente, bevor er sich dazu entscheidet, Ihr Werk in sein Regal zu stellen.

Der Buchhändler erwartet von Ihnen stichhaltige Verkaufsargumente.

Die Neuerscheinung vermarkten

Als Selbstverleger teilen Sie das Schicksal vieler anderer kleiner Verlage: Ihnen fehlt der durch die Buchhandlungen reisende Verlagsvertreter, der die Vorzüge und die zu erwartende besondere Publikumsakzeptanz einer Neuerscheinung im persönlichen Gespräch mit dem Buchhändler darlegt. Dieser sehr effektive Vertriebsweg ist für größere Verlage selbstverständlich, doch gerade kleinere Verlage können sich keinen eigenen Vertreter leisten. Daher nehmen viele Verlagsvertreter mehrere kleinere Anbieter in ihr Reiseprogramm auf – und erwarten von diesen natürlich eine entsprechende Beteiligung am Verkauf.

Chancen haben Sie als Selbstverleger bei Buchhändlern, die ihr Ladengeschäft in Ihrer Nachbarschaft betreiben. Es gibt auch engagierte Händler, die für Sie eine Lesung ausrichten und Pressemitteilungen versenden. Aber nur der Verkauf Ihres Buches beim Buchhändler in Ihrem Umfeld kann den Aufwand kaum rechtfertigen, einen eigenen Verlag aufzubauen. Überlegen Sie also, wie Sie Ihrem Buch vermarkten können: Fahren Sie selbst zu den Buchhandlungen, um diesen Ihren Titel anzubieten? Aus Zeitgründen kommen hierfür vermutlich nur die Läden in Ihrer Region in Frage. Alternativ können Sie auch zum Telefon greifen und versuchen, die Händler auf diese Weise auf Ihre Neuerscheinung aufmerksam zu machen. Oder Sie senden ihnen die Informationen per Post zu. Hüten Sie sich jedoch davor, eine Massenaussendung per E-Mail zu starten – diese Form der Werbung gilt als „Spam" , ist also nicht erlaubt und könnte manche Buchhändler eher verärgern als erfreuen.

Nicht vergessen dürfen Sie natürlich, Ihren Titel der Presse vorzustellen. Zunächst sind die örtlichen und regionalen Zeitungen empfehlenswert, vielleicht zeigen aber auch überregionale Medien Interesse. In jedem Fall sollten Sie einkalkulieren, dass die Journalisten Sie vor einer möglichen Besprechung um ein Rezensionsexemplar bitten werden, wenn Sie dieses nicht ohnehin zusammen mit Ihrer Pressemitteilung verschickt haben.

> **Leser vor Ort ansprechen**
> Nutzen Sie jede Gelegenheit, die sich Ihnen bietet, um mit
> Ihrer Zielgruppe in Kontakt zu kommen. Das können zum
> Beispiel kleinere Buchmessen sein, die manche Städte und
> Gemeinden regelmäßig ausrichten. Auch Veranstaltungen,
> die gut zu Ihrem Buchthema passen, sind eine Möglich-
> keit, auf Ihr Werk aufmerksam zu machen und neue Leser
> zu finden.

Rechtliche Besonderheiten

Informieren Sie sich auch rechtzeitig über den Titelschutz.
Nichts ist schlimmer, als eine bereits gedruckte Auflage
wieder einstampfen zu müssen, weil es den Titel bereits
gibt und dieser geschützt ist. Wenn
Sie dieses Risiko nicht eingehen wollen, sollten Sie sich die Zeit für eine
umfassende Titelrecherche nehmen.
Lassen Sie außerdem Ihren Titel
rechtzeitig schützen, beispielsweise
durch eine Anzeige im Börsenblatt des Deutschen Buchhandels maximal sechs Monate vor Erscheinen des Buchs.
Außerdem müssen Sie Ihren neuen Titel unbedingt in verschiedene Verzeichnisse und Datenbanken eintragen lassen, wie etwa in das Verzeichnis lieferbarer Bücher sowie
in der Deutschen Nationalbibliografie. Darüber hinaus
sollte das Buch an bestimmte Einkaufszentralen geschickt

**Lassen Sie Ihren
neuen Titel unbedingt in
verschiedene Verzeich-
nisse und Datenbanken
eintragen.**

werden, um eine gute Streuung der bibliografischen Daten zu erlangen. Und erst, wenn der Titel von einem Barsortiment, also einem Großhändler für Bücher, abgenommen wird, können Sie sicher sein, dass der Titel bei einer Bestellung innerhalb von 24 Stunden lieferbar ist – ein Service, den die Leser heute als selbstverständlich voraussetzen.

Sie sehen also: Es ist eine Menge zu bedenken, bevor man sich in das Abenteuer eines Selbstverlages stürzt. Doch wer bereit ist, sich mit der Buchbranche und Ihren ganz eigenen Gesetzen vertraut zu machen und außerdem – besonders zu Beginn – nicht auf einen großen Gewinn hofft, sondern auch finanzielle Einbußen einkalkulieren kann, für den kann dieses Wagnis zu einer großen Bereicherung werden.

Books on Demand

Ein preiswerterer Weg zum eigenen Buch ist das so genannte „Print on Demand". Das bedeutet, die Bücher werden nicht auf einmal in einer festgelegten Auflage gedruckt, sondern nur dann, wenn tatsächlich eine Bestellung eingeht. Der Auftraggeber, also meistens der Autor selbst, zahlt einen bestimmten

Der Autor trägt die Verantwortung für den Verkaufserfolg.

Betrag für die Herstellung des Titels und anschließend die Druckkosten für die jeweiligen Bücher, die in der Regel innerhalb einer Woche ausgeliefert werden können. Im

Durchschnitt kostet ein fertig gebundenes Buch zwischen fünf und zehn Euro – das sollten Sie bedenken, wenn Sie Ihr Werk verkaufen möchten und einen Preis festlegen müssen.

Wählt der Autor den Weg über Books on Demand, so hat er, ebenso wie der Selbstverleger, die Tätigkeiten bis zu den Druckvorlagen selbst zu verantworten. Der Dienstanbieter übernimmt den Druck einiger Exemplare zur Ansicht und das Weiterdrucken nach Bestelleingang. Der Autor spart sich die Suche nach Druckereien und Buchbindereien sowie die Überwachung des Produktionsprozesses und muss erheblich weniger Kapital aufbringen als der Selbstverleger. Zudem spart er die Lagerungskosten für seine Bücher, beziehungsweise muss sie nicht in der eigenen Wohnung unterbringen. Das so publizierte Buch wird in eine Liste bestellbarer Bücher aufgenommen, Vertriebs- und Marketingmaßnahmen aber obliegen wie im Selbstverlag meist dem Autor. Und somit die Verantwortung für den Verkaufserfolg.

Kosten und Nutzen abwägen

Auch für den Inhalt und die Gestaltung Ihres Buches sind Sie bei dem Weg über Books on Demand selbst verantwortlich. Das kann bei Menschen, die wenig Erfahrung in Sachen Layout haben oder die nicht ganz sattelfest in Fragen der Rechtschreibung sind, schnell zu einem unprofessionellen Ergebnis führen. Deshalb sollten Sie sich in allen Belangen, die für Sie Neuland sind, von Fachleuten beraten lassen oder diesen bestimmte Aufgaben gleich ganz übertragen.

Der Nachteil hierbei ist natürlich, dass Sie diese Dienstleistungen ebenfalls selbst bezahlen müssen. Andererseits soll Ihr Buch vermutlich eine Weile Bestand haben und das Ergebnis deshalb so gut wie möglich ausfallen. Wägen Sie also die tatsächlich anfallenden Kosten für Lektorat, Gestaltung, Herstellung und Druck schon im Vorfeld sorgfältig ab und auch, ob und wie viel Geld Sie eventuell in Werbung und Marketing stecken möchten. Möglicherweise können Sie nicht all diese Ausgaben mit dem Verkauf Ihrer Bücher wieder hereinholen, denn der Preis sollte sich am Markt orientieren – hierüber sollten Sie sich unbedingt im Klaren sein, bevor Sie sich für ein Books-on-Demand-Verfahren entscheiden.

Wann lohnt sich das BoD-Verfahren?

Da die Kosten für den Druck eines Buches im Vergleich zum herkömmlichen Verfahren relativ hoch sind, sollten Sie im Vorfeld kalkulieren, wie viele Exemplare Sie höchstens benötigen beziehungsweise verkaufen werden. Nur bei sehr niedrigen Auflagen lohnt sich nämlich der Weg über Books on Demand, denn die Druckkosten pro Buch bleiben auch bei größeren Mengen gleich.

Schritt 3:
Der optimale Vertrag

Wie Sie Vertragsverhandlungen erfolgreich gestalten

Nachbesserungen und Änderungen

Endlich – der Lektor des Verlages meldet sich bei Ihnen und ist interessiert daran, Ihr Projekt umzusetzen! Nur selten kommt es allerdings vor, dass ein Konzept ohne Veränderungen übernommen wird. Seien Sie also nicht enttäuscht, wenn der Lektor Sie fragt, ob das Buch möglicherweise in eine andere Richtung, als von Ihnen gedacht, gehen könnte. Oder eine veränderte Herangehensweise vorschlägt.

Sie meisten Verlage haben feste Programmstrukturen.

Jeder Verlag hat feste Programmstrukturen, die ihn im Idealfall auf dem Buchmarkt unverwechselbar machen. Oft gibt es in diesem Programm mehrere Reihen, deren Einzeltitel ganz bestimmten Kriterien unterliegen, etwa was Aufmachung, Leseransprache und Schwerpunktauswahl angeht. So kann es durchaus vorkommen, dass der Lektor sofort von Ihrem Thema überzeugt ist, Sie jedoch bittet, das Konzept noch einmal gründlich zu überarbeiten. Denn schließlich muss sich das spätere Buch nahtlos in das bestehende Programm einfügen.

Hier liegt es nun an Ihnen, abzuwägen, wie weit Sie sich mit der Linie des Verlages identifizieren können oder nicht. Merken Sie schon in diesem frühen Stadium, dass Ihnen bestimmte Änderungen zu weit gehen oder ganz und gar nicht Ihrer Überzeugung entsprechen, ist die Chance auf eine wirklich fruchtbare Zusammenarbeit relativ gering, und Sie sollten sich lieber auf die Suche nach einem anderen Verlag machen. Können Sie jedoch gut mit den Vorstellungen des Lektors leben, steht einem Vertragsabschluss nichts mehr im Wege!

Von Erfahrung profitieren

Im ersten Moment sind viele Autoren enttäuscht oder zumindest irritiert, wenn der Lektor eines Verlages zahlreiche und womöglich grundlegende Änderungen am Konzept vorschlägt. Denn selbstverständlich hat man sich viele Gedanken um das Projekt gemacht, ist davon überzeugt, dass es auf diese Weise umgesetzt werden sollte – und nicht anders.

In den meisten Fällen lohnt es sich trotzdem, über die Anmerkungen nachzudenken. Denn der Lektor verfügt über wesentlich größere Erfahrung in der Umsetzung von Büchern, er weiß, was Leser erwarten und was sich voraussichtlich später auch gut verkaufen wird – Erfahrungen also, die ein Autor für sich nutzen sollte.

Vertrag und Honorar

Nach wochen-, manchmal monatelangen Bemühungen und scheinbar endlosem Warten ist sie endlich da: die Zusage eines Verlages! Dann dauert es meistens nur noch ein paar Tage, und der Vertrag liegt im Briefkasten – für jeden frischgebackenen Autor ein erhebendes Gefühl! Das jedoch auch mit einer gewissen Unsicherheit verbunden ist, schließlich kennen sich die wenigsten mit den Gepflogenheiten des Verlagswesens aus, können nicht genau beurteilen, ob das, was ihnen vom Lektor zugeschickt wurde, wirklich ein faires Angebot ist.

Licht ins Dunkel bringen

In der Regel basieren die Verlagsverträge weitestgehend auf einem Normvertrag, der zwischen dem Verband deutscher Schriftsteller (VS) in der IG Medien und dem Verlegerausschuss im Börsenverein des Deutschen Buchhandels ausgehandelt wurde. Natürlich gibt es insbesondere bei größeren Verlagen hier und da Abweichungen, doch die Rahmenbedingungen sind überall ähnlich. Damit Sie sich ein Bild machen können, wie ein solcher Vertrag aussehen kann, finden Sie im Anhang dieses Buches das Muster eines solchen Normvertrages.

Rat und Hilfe von Buchhandelsvereinigungen und Schriftstellerverbänden einholen

Generell sind die einzelnen Punkte natürlich auch Verhandlungssache. Sollten Sie sich unsicher sein, können Sie sich, bevor Sie unterschreiben, Rat von einem Anwalt holen, der sich im Verlagsrecht auskennt. Auch Buchhandelsvereinigungen und Schriftstellerverbände können zu den Gepflogenheiten der Vertragsverhandlungen Auskunft geben. Haben Sie eine Literaturagentur gewählt, die Sie vertritt, so können Sie sich relativ entspannt zurücklehnen, denn der Agent kennt eventuelle Fallstricke sehr genau. Bevor er Ihnen den Vertrag zur Unterschrift zuschickt, wird er prüfen, ob Ihre Interessen tatsächlich gewahrt sind und auch, ob das Honorar für das Projekt angemessen ist.

Meist schicken Lektoren ohnehin erst einmal einen Entwurf mit den wichtigsten Rahmenbedingungen. So wird bereits im Vorfeld abgeklopft, ob man sich über die wichtigsten Punkte einig ist. Erst wenn das der Fall ist, wird in der Regel ein schriftlicher Vertrag entworfen, der dann von beiden Seiten unterschrieben werden muss.

Handeln erlaubt – aber in Maßen

Gibt es aus Ihrer Sicht Nachbesserungsbedarf, weil der Vertragsentwurf nicht Ihren Vorstellungen entspricht, ist der kürzeste Dienstweg meistens der beste. Das heißt: Rufen Sie Ihren Lektor möglichst bald an, und erklären Sie ihm, mit welchen Punkten Sie nicht einverstanden sind. In einem Telefonat lassen sich solche Dinge in der Regel schneller und kollegialer lösen als in einem Schriftverkehr, der sich vielleicht sogar über mehrere Etappen hinzieht. Geht der Lektor nicht auf Ihre Wünsche ein, lassen Sie sich ruhig genau erklären, warum. Aber bleiben Sie dabei sachlich – schließlich möchten Sie ja noch eine ganze Weile mit ihm zusammenarbeiten! Generell sollten Sie, gerade wenn es sich um Ihr erstes Projekt handelt, nicht in den Krümeln suchen und aus Prinzip verhandeln wollen. Nur, wenn es sich um wirklich wichtige Details handelt, ist es sinnvoll und angebracht, nachzuverhandeln und, wenn nötig, auch hartnäckig zu bleiben.

Die wesentlichen Punkte

Auf den ersten Blick erscheint ein Verlagsvertrag dem Laien meist schwer verständlich und äußerst umfangreich. Im Wesentlichen werden dort jedoch Punkte geregelt, die sich grob in drei Bereiche einteilen lassen:

Nutzungsrechte und Nebenrechte: Das sind all jene Formen der Nutzung, die Sie als Autor dem Verlag einräumen. Dabei kann übrigens nie das Urheberrecht übertragen werden. Wie wichtig Nebenrechte sind, beispielsweise das Recht zur Übersetzung in verschiedene Sprachen oder zum Veröffentlichen eines Hörbuches, ist immer abhängig davon, um welches Projekt es sich handelt. So wird ein medizinischer Ratgeber eher selten einmal als Hörbuch auf den Markt gebracht werden, dafür kann ein Werk, das etwa europaweit gültig und aktuell ist, durchaus ins Englische übersetzt werden. Generell bezeichnet man als Nebenrechte alle Nutzungsformen, die über das Drucken und den Verkauf eines Buches hinausgehen.

Die VG Wort

Haben Sie ein Buch veröffentlicht, werden jedes Jahr Nutzungsgebühren hierfür – beispielsweise für Fotokopien oder den Verleih von Büchern – von den entsprechenden Anbietern an die Verwertungsgesellschaft Wort (VG Wort) abgeführt. Diese leitet die Gebühren wiederum an die entsprechenden Autoren weiter. Um in den Genuss dieser Tantiemen zu kommen, müssen Sie mit der VG Wort einen Vertrag abschließen und dann Ihre Bücher bis spätestens Januar des auf den Erscheinungstermin folgenden Jahres dort anmelden. Das können Sie mittlerweile ganz einfach im Internet tun unter www.vgwort.de.

Pflichten des Verlages: Hierunter fällt alles, was der Verlag für Sie und Ihr Buch tun muss, beispielsweise mindestens 1000 Exemplare Ihres Werkes zu drucken, dafür sorgen, dass es der Buchhandel bestellen kann und das Buch anschließend angemessen zu bewerben. Allerdings hat ein Verlag dieser Pflicht bereits Genüge getan, wenn er den Titel in seiner Vorschau vorstellt, Sie können also keine aufwendige Werbekampagne einfordern. Außerdem wird geklärt, welches Honorar dem Autor zusteht und auch, wie viele Freiexemplare er erhält. Ein wichtiger Punkt ist auch das Korrektorat: Wird nichts anderes vereinbart, so fällt es ebenfalls unter die Pflichten des Verlages. Das bedeutet jedoch nicht, dass er das Manuskript nach Gutdünken verändern darf. Der Autor muss jeder Änderung seines Werkes zustimmen und bekommt vor dem Druck eine Satzfahne zur Freigabe.

Pflichten des Autors: Hier sollten Sie ebenfalls sehr genau hinsehen, denn unter diesen Bereich fallen beispielsweise Punkte wie der Termin sowie die Art und Weise der Manuskriptabgabe. Letztere ist inzwischen sehr unkompliziert, denn die meisten Verlage bevorzugen es, das Manuskript als Word-Datei per E-Mail zugeschickt zu bekommen. Was den Termin der Abgabe angeht, sollten Sie ihn von Anfang an im Auge behalten. Zeichnet sich im Laufe der Arbeit ab, dass Sie ihn nicht einhalten können, dann informieren Sie Ihren Lektor so bald wie möglich. In den meisten Fällen hat der Autor einen Anspruch auf eine angemessene Nachfrist. Lässt er jedoch auch diese verstreichen, kann der Verlag vom Vertrag zurücktreten. Er muss dann das Buch nicht mehr drucken und kann vom Autor sogar Schadenersatz verlangen.

Das liebe Geld

Gleich vorweg: Nur sehr wenige Autoren schaffen es, durch Ihr Schreiben wirklich reich zu werden, und auch nur den Lebensunterhalt davon bestreiten zu können, dürfte nicht allzu vielen gelingen. Schrauben Sie deshalb Ihre Erwartungen an das Honorar besser nicht ganz so hoch.

Verlage berechnen die Honorare ihrer Autoren in der Regel auf Grundlage des Nettoladenpreises oder der Nettoverlagseinnahmen durch ein Buch. Bei Sachbüchern üblich ist hier eine Beteiligung zwischen 5 und 15 Prozent, die nach der Menge der verkauften Exemplare gestaffelt wird. Dabei steigt die Beteiligung jeweils an, wenn ein bestimmter Verkauf überschritten wird. Für eventuelle Nebenrechte gilt häufig eine gesonderte Honorarvereinbarung.

In vielen Fällen zahlt der Verlag dem Autor einen Vorschuss, der mit der prozentualen Beteiligung verrechnet wird. Dieser Vorschuss, oft auch als Garantiehonorar bezeichnet, muss nicht unbedingt zu einem Termin gezahlt werden. Durchaus üblich ist es, dass er in drei Raten − bei Vertragsabschluss, bei Manuskriptabgabe und bei Erscheinen des Buches − fällig wird. Das ist jedoch kein Muss, häufig

Nur sehr wenige Autoren schaffen es, durch Ihr Schreiben wirklich reich zu werden.

wird das Garantiehonorar auch in zwei Etappen, beispielsweise nach Unterschreiben des Vertrages und nach
Manuskriptabgabe, ausbezahlt. Es handelt sich hierbei
übrigens um ein garantiertes Mindesthonorar, das nicht
rückzahlbar ist. Verkauft der Verlag das Buch also nicht in
den angegebenen Mengen, kann er den entgangenen Erlös
nicht vom Autor zurückverlangen.

Wie wird das Honorar errechnet?

Um zu verdeutlichen, wie Verlage die Honorare ihrer Autoren errechnen, hier ein Beispiel anhand eines Ratgebers,
der im Buchhandel 15 Euro kosten soll und bei dem das
Autorenhonorar bis zu einer Auflage von 5000 Stück 10
Prozent beträgt:

Der *Ladenpreis beträgt 15 Euro*.

Darin enthalten sind *7 Prozent Mehrwertsteuer*. Werden
diese herausgerechnet, ergibt sich der Nettoladenpreis
von 14,02 Euro. (Die Mehrwertsteuer wird auf den Nettoladenpreis aufgeschlagen, das heißt auf die 14,02 Euro kommen 7 Prozent und dies ergibt dann den Bruttoladenpreis
von 15 Euro.)
Abzüglich der *Handelsrabatte von beispielsweise 45 Prozent* bleiben noch 7,71 Euro übrig, die Nettoverlagsein-
nahme.
Von diesem Betrag erhält der Autor nun den vereinbarten
prozentualen Anteil von 10 Prozent, also rund 0,77 Euro.
Bei 5000 verkauften Büchern darf der Autor also ein
Honorar von 3.850 Euro erwarten.

▶

Selten erzielt ein Erstlingswert allerdings solche Verkaufszahlen, realistisch ist eher ein Absatz von etwa 3 000
Stück. Dann beträgt die Beteiligung 2.310 Euro. Wird in
einem solchen Fall ein Garantiehonorar vereinbart, wird es
in der Regel bei etwa 2.000 Euro liegen.

Hinter den Kulissen

In den meisten Fällen ist der Lektor der einzige Ansprechpartner im Verlag, nur selten bekommt man die Möglichkeit, auch andere wichtige Akteure, wie beispielsweise
einen Vertriebsmitarbeiter oder Verlagsleiter, kennenzulernen. Oft besteht der Kontakt während der Vertragsverhandlungen, und erst recht später beim Schreiben, in erster
Linie aus Telefonaten oder E-Mails, sodass es einem Außenstehenden recht schwerfällt, sich die Vorgänge innerhalb
eines Verlages vorzustellen. Diese können natürlich je nach
Größe und Ausrichtung eines Hauses recht unterschiedlich
sein, in einigen wesentlichen Punkten stimmen sie jedoch
im Großen und Ganzen überein.

Der Lektor als Manager des Buches

War früher ein Lektor in erster Linie für die Bearbeitung
von Manuskripten und die Betreuung seiner Autoren
zuständig, so hat sich sein Arbeitsfeld in den letzten Jahren
immer weiter ausgedehnt. Vom eigentlichen „Leser", was

das Wort Lektor schließlich bedeutet, hat er sich inzwischen zu einer Art Produktmanager entwickelt.

Das bedeutet, er steuert und koordiniert sämtliche Prozesse der Bucherstellung, die immer häufiger an externe Mitarbeiter wie Korrektoren und Grafiker ausgelagert werden. Er ist zuständig für die Kalkulation, das heißt, er muss die Kosten seiner Projekte im Auge behalten und dafür sorgen, dass die Titel einen möglichst hohen Gewinn abwerfen. Daneben stimmt er sich eng mit den Kollegen der anderen Verlagsbereiche ab: in erster Linie den Mitarbeitern von Herstellung, Vertrieb, Marketing und Presseabteilung. Und natürlich hat auch die Verlagsleitung bei allen wichtigen Entscheidungen ein Wörtchen mitzureden.

> **Der Lektor muss von Anfang an die Kosten seiner Projekte im Auge behalten.**

Programmkonferenzen

Ob ein Buch veröffentlicht wird, wie es aussehen und vermarktet werden soll, entscheidet der Lektor also nicht alleine in seinem stillen Kämmerlein. In unterschiedlichen Abständen kommen die Mitarbeiter der verschiedenen Abteilungen zusammen, um über das nächste Programm zu beraten. Dabei stellt der Lektor die Projekte vor, die ihn am meisten überzeugen – und muss seine Meinung gut begründen können. Denn der Vertrieb wird kritisch hinterfragen, ob sich ein Titel später auch wirklich gut verkaufen lässt, während der Marketingstratege einen außergewöhnlichen Aufhänger sucht, an dem er mit seiner PR-Arbeit anknüpfen kann. Und natürlich will die Presseabteilung wissen, wie sie Buch und Autor den Zeitungen und Zeitschriften so schmackhaft machen kann, dass diese – möglichst positive – Rezensionen veröffentlichen.

Erst wenn alle Seiten davon überzeugt sind, dass sich ein Titel tatsächlich gut vermarkten und verkaufen lässt, ist der Weg frei für ein neues Buch. Kein Wunder also, dass so manches Angebot, auf das ein Lektor erst einmal positiv reagiert hat, nach einer solchen Programmkonferenz schließlich doch abgelehnt werden musste. Denn es würde nichts bringen, wenn sich ein Lektor gegen die Argumente seiner Kollegen für ein Buch entscheiden und dies gegen alle Widerstände durchboxen würde. Nur wenn alle Beteiligten an einem Strang ziehen, kann ein Titel zum Erfolg werden. Tun sie dies nicht, wird das Buch später nur halbherzig in den Buchhandlungen angeboten und in der Presse beworben – keine guten Voraussetzungen für einen Bestseller.

Vertreter: Die Brücke zum Buchhandel

„Bücher zu schreiben ist leicht, es verlangt nur Feder und Tinte und das geduld'ge Papier. Bücher zu drucken ist schon schwerer; weil oft das Genie sich erfreut unleserlicher Handschrift. Bücher zu lesen ist noch schwerer von wegen des Schlafs. Aber das schwierigste Werk, das ein sterblicher Mann bei den Deutschen auszuführen vermag, ist zu verkaufen ein Buch." Felix Dahn

Von Lesern und Autoren unbemerkt, bilden die Handelsvertreter die Brücke zwischen Verlag und Buchhandel. Nicht zuletzt ihre Präsentation entscheidet darüber, ob ein Titel im Laden prominent platziert oder erst gar nicht in die Regale aufgenommen wird.

Während größere Verlage eigene Vertreter beschäftigen, wählen kleinere Unternehmen meist externe Mitarbeiter, die die Titel mehrerer Verlage gleichzeitig anbieten. In beiden Fällen kommen diese Außendienstmitarbeiter zweimal im Jahr auf der Vertreterkonferenz mit den anderen Mitarbeitern des Verlages zusammen, damit diese ihnen die aktuellen Neuerscheinungen vorstellen und ihnen alle wichtigen Verkaufsargumente an die Hand geben können.

> **Vertreter stützen sich in erster Linie auf ihre meist jahrelange Erfahrung im Gespräch mit den Buchhändlern.**

Zu diesem Zeitpunkt steht das Programm – entweder für das Frühjahr oder für den Herbst – bereits endgültig fest und wird auch nicht mehr infrage gestellt. Dennoch sagen die Vertreter offen, welchen Titeln sie einen größeren Verkaufserfolg zutrauen, und welchen nicht. Dabei stützen sie sich in erster Linie auf ihre meist jahrelange Erfahrung im Gespräch mit den Buchhändlern – Kritik von ihrer Seite wird also meistens sehr ernst genommen.

Sind die Argumente für ein Buch zu konstruiert, werden die Vertreter das mit Sicherheit schnell herausfinden, denn sie haben im Laufe ihres Berufslebens gelernt, sich in ihre

Kunden, die Buchhändler, hineinzuversetzen. Und spätestens diese Hürde würde ein wenig Erfolg versprechender Titel dann nicht mehr nehmen.

Liefern Sie dem Vertreter Argumente!

Je besser und stichhaltiger die Verkaufsargumente der Verlagsmitarbeiter für ein Buch sind, desto überzeugender kann es der Vertreter in den Buchhandlungen vorstellen. Nur dann wird es ihm auch in größeren Mengen abgenommen und entsprechend vorteilhaft im Laden platziert. Liefern Sie Argumente also schon von Anfang an, wenn Sie einem Verlag Ihr Projekt anbieten, indem Sie möglichst überzeugende Antworten auf die Fragen finden: Wer sollte mein Buch kaufen? Und: Warum sollte er es kaufen?

Schritt 4:
Ein Buch entsteht

Wie Sie Ihr Konzept in ein stimmiges Manuskript umsetzen

Der passende Stil zum Thema

Wer seine Leser in den Bann ziehen will, sollte so gut wie möglich den Ton treffen, den sie von dem Buch, das sie gekauft haben, erwarten. Möglichst in jedem Satz. Dabei hat natürlich jeder Autor seinen ganz persönlichen Stil, der ihn im Idealfall unverwechselbar macht. Doch darüber hinaus gelten für die jeweiligen Buchgattungen bestimmte Regeln, die sich besonders unerfahrene Autoren zu eigen machen sollten. Denn bereits der Lektor hat an ein Manuskript bestimmte Erwartungen, und werden diese nicht auf den ersten Blick zumindest in Grundzügen erfüllt, wird er das Manuskript schnell zur Seite legen und sich dem nächsten Angebot zuwenden.

Sachbücher, Ratgeber und Fachliteratur

Im Gegensatz zur Belletristik geht es hier ausschließlich um Tatsachen und Fakten. Gerade das aber verlangt von einem Sachautor ganz spezielle Fähigkeiten. Neben einer gründlichen Recherche und dem logischen Gliedern des Stoffs, müssen Sie für Ihre Leser die Fakten interessant, verständlich und lebendig „verpacken". Auch wenn Sie über „trockene" Tatsachen schreiben: Es gibt viele Möglichkeiten, die Aufmerksamkeit des Lesers wach zu halten:

- *So einfach wie möglich:* Vermeiden Sie Fremdwörter, und wenn das nicht möglich ist, sollten Sie sie in jedem Fall kurz erklären.

- *Objektiv bleiben:* Bleiben Sie sachlich, besonders, wenn Sie einen Ratgeber oder ein Fachbuch schreiben. Bei allem Unterhaltungswert möchte der Leser das Gefühl haben, möglichst objektiv informiert zu werden. Bei Sachbüchern hingegen kann es durchaus vorteilhaft sein, die ein oder andere gewagte These einzustreuen.

- *Bilder erzeugen:* Drücken Sie sich so einfach aus, wie es das Thema zulässt, und versuchen Sie, Bilder vor den Augen der Leser zu erzeugen. Schließlich schreiben Sie für Laien, die nicht über dasselbe Vorwissen verfügen wie Sie. Ein allzu blumiger Stil mit vielen Adjektiven strapaziert jedoch im Zweifelsfall die Geduld Ihrer Leser – schließlich wollen Sie möglichst schnell etwas über das Thema Ihres Buches erfahren.

- *Häppchenweise servieren:* Hüten Sie sich davor, Ihr ganzes Wissen quasi mit dem Eimer über Ihren Lesern auszuschütten! Unterteilen Sie die Unterthemen lieber in kleinere Häppchen, streuen Sie Tipps, Zusammenfassungen und griffige Beispiele ein.

■ *Direkt kommunizieren:* Sprechen Sie Ihre Leser ruhig direkt an, und schildern Sie Ihre Erfahrungen, wenn Sie möchten, durchaus auch aus der Ich-Perspektive. Schließlich treten Sie mit Ihren Lesern gewissermaßen in einen Dialog zum Thema des Buches. Dabei sollten Sie aber vermeiden, sich „anzubiedern", etwa mit Sätzen wie: „Sind Sie nicht auch der Meinung …?" oder „Glauben Sie nicht auch …?"

Wie machen es die anderen?
Wenn Sie zum ersten Mal ein Buch in diesem Genre schreiben und unsicher sind, ob Sie den richtigen Ton getroffen haben, kann es helfen, sich andere erfolgreiche Titel anzusehen. Fragen Sie Ihren Buchhändler, welcher Ratgeber beispielsweise besonders gut bei seinen Kunden ankommt.

Beispiele aus den Bestsellerlisten

Wie man seine Leser perfekt dort abholt, wo sie stehen, ihre Situation, Sorgen und Nöte aufgreift und mit auf den Weg zur Lösung nimmt, zeigt Werner Tiki Küstenmacher in seiner Einleitung zu „Simplify your Life", einem Ratgeber, der sich über drei Jahre auf den Spiegel-Bestsellerlisten hielt:

„Was geht Ihnen als Erstes durch den Kopf, wenn Sie das Wort »Vereinfachung« hören? Für viele Menschen ist es ein von Natur aus positiver Begriff. Beim Wort »simplify« nicken sie verstehend und lächeln. Denn sie leiden unter der Kompliziertheit des Lebens, von der abschreckend dicken Bedienungsanleitung ihres Handys bis zu den undurchschaubaren Mechanismen der Weltwirtschaft, die dazu geführt haben, dass sie an der Börse Geld verloren haben (obwohl ihre Freunde gesagt hatten, es sei ganz einfach, mit Aktien reich zu werden). Sie leiden unter der stillschweigenden Forderung »mehr, mehr, mehr« in ihrer Umgebung. Für Sie bedeutet die Überfülle des Angebotes in einem Großmarkt nicht Befreiung, sondern Belastung. Sie leiden unter den ständig steigenden Anforderungen in Ihrem Beruf, unter der ausgesprochenen oder unausgesprochenen Drohung: Mach mit, oder du bist draußen."

Ein weiteres Beispiel für einen Renner, der zum bestverkauften Sachbuch in Deutschland wurde, ist Hape Kerkelings Pilger-Erfahrungsbericht „Ich bin dann mal weg". Er schaffte es, seine Leser von der ersten Seite in den Bann zu ziehen, gerade deshalb, weil

Den Leser perfekt abholen und mit auf den Weg nehmen.

man ihm eine solche Reise überhaupt nicht zugetraut hätte. Seine Schilderungen sind denn auch entsprechend kurzweilig und vermitteln trotzdem ein anschauliches Bild dieser außergewöhnlichen Reise:

„Wenn ich nur an den langen Fußmarsch denke, könnte ich mich jetzt schon vierzehn Tage ausruhen.
Das Entscheidende ist: Ich werde laufen! Die ganze Strecke. Ich laufe! Ich muss es gerade selber noch einmal lesen, damit ich es glaube. Allerdings nicht alleine, sondern gemeinsam mit meinem elf Kilo schweren, knallroten Rucksack. Falls ich unterwegs tot umfalle, und die Chancen dafür stehen gar nicht schlecht, erkennt man mich mit dem wenigstens aus der Luft.
Zu Hause benutze ich nicht mal die Treppe, um in den ersten Stock zu kommen, und ab morgen müsste ich dann jeden Tag zwischen 20 und 30 Kilometern gehen, um in knapp 35 Tagen ans Ziel zu gelangen. Die bekennende Couchpotato auf Wanderschaft! Gut, dass keiner meiner Freunde so genau weiß, was ich hier eigentlich vorhabe, dann ist es nicht ganz so peinlich, wenn ich wahrscheinlich schon morgen Nachmittag das ganze Unternehmen aus rein biologischen Gründen wieder abblasen muss."

Belletristik

Kurzgeschichte, Roman, Krimi, Science-Fiction, Erstlesebücher, Abenteuer- und Fantasygeschichten – so vielschichtig dieser Bereich ist, so unterschiedlich sind auch die Stilarten, die Ihnen hier zur Verfügung stehen. Eines ist jedoch allen belletristischen Inhalten gemeinsam: Sie sollen in erster Linie den Leser unterhalten, anrühren oder aufrütteln. Um das zu erreichen, müssen Sie Spannung und Tempo in Ihren Text bringen, interessante Personen erfinden und ihnen lebendige Cha-

Belletristik soll in erster Linie den Leser unterhalten.

raktere geben. Hier einige Hinweise, die Ihnen helfen können, Ihr Manuskript auf die wichtigsten Anforderungen
hin abzuklopfen:

■ *Spannung erzeugen:* Nicht nur die Geschichte an sich ist
wichtig, sondern vor allem die Art und Weise, wie sie
erzählt wird. Bauen Sie deshalb einen Spannungsbogen
auf, und steigen Sie gleich in einer interessanten Situation der Handlung ein. Steigert sich die Spannung zu
langsam, wird Ihren Lesern schnell langweilig werden.

■ *Einen Stil durchziehen:* Entscheiden Sie sich, bevor Sie mit
dem eigentlichen Schreiben beginnen, welcher Stil sich
durch Ihr Buch ziehen soll – unterhaltsam und humor-
voll, schlicht und knapp formuliert oder eher blumig
und ausführlich? Überlegen Sie, welche dieser Spielarten
am besten zu der Geschichte passt, die Sie erzählen wollen, und halten Sie sie bis zum Ende durch. Das gilt auch
für die Perspektive: Wird die Geschichte von einem
Außenstehenden oder einem Ich-Erzähler geschildert?

■ *Interessante Persönlichkeiten:* Arbeiten Sie die Personen,
insbesondere die Hauptfiguren, so vielschichtig wie
möglich aus. Klassischerweise werden solche Figuren
als dreidimensional bezeichnet: sie haben eine körper-
liche Gestalt, von der sich der Leser ein möglichst
genaues Bild machen kann, man kann sie in einen sozialen Zusammenhang einordnen, beispielsweise aufgrund ihrer Herkunft, ihres Berufes und ihrer Ansichten.
Und außerdem erfährt man etwas über ihre Psyche –

beispielsweise ihre Ängste, Vorlieben und Gewohnheiten. Richtig interessant wird ein Protagonist, wenn er keine Stereotype darstellt, sich also nicht gleich in eine bestimmte Schublade stecken lässt. Geben Sie Ihren Personen ruhig einen Charakterzug, den man nicht sofort erwarten würde. Die meisten erfolgreichen Autoren geben ihren Figuren einen vollständigen Lebenslauf, der ihr Verhalten im Roman logisch erscheinen lässt. Schreiben Sie diese Biografien Ihrer Protagonisten ausführlich auf – auch wenn Sie längst nicht alles, was Sie sich zu ihnen ausdenken, tatsächlich in Ihrer Geschichte erwähnen.

- *Wagnisse eingehen:* Konflikte, Krisen, große Gefühle – das ist das Salz in der Suppe guter Romane. Legen Sie Ihren Figuren Steine in den Weg, wo immer Sie können, und lassen Sie sie ruhig bis zum Äußersten gehen, um diese zu überwinden. Ihre Leser werden es Ihnen danken, indem sie von der ersten bis zur letzten Seite mitfiebern!
- *Richtig dosieren:* Achten Sie darauf, dass Sie nicht zu sehr in die Trickkiste greifen, denn übertriebene Situationen, Gefühle oder Handlungen können einen Roman schnell unfreiwillig komisch werden lassen. Etwas anderes ist es natürlich, wenn Sie diese Komik bewusst herbeiführen wollen. Dann jedoch sollte sie zur gesamten Geschichte passen, damit Sie Ihre Leser nicht irritieren.

Die erfolgreiche Romanschriftstellerin Rebecca Gablé wurde einmal in einem Interview nach dem Erfolgsgeheimnis Ihrer Bücher gefragt:

„Ich denke, ich tue das, was wir alle tun: Ich erzähle meine Geschichten so, wie ich sie selbst gerne lesen würde. Meine Leidenschaft ist die Spannungsliteratur, deswegen versuche ich natürlich, so spannend wie möglich zu erzählen. Ein weiterer Punkt, dessen Wichtigkeit man gar nicht überschätzen kann, ist Leseridentifikation. Aus Zuschriften entnehme ich immer wieder, dass Leserinnen und Leser wirklich Anteil am Schicksal meiner Protagonisten genommen haben. Das ist es wohl, was Menschen dazu bewegt, ein dickes Buch mit Interesse bis zum Ende zu lesen. Und wenn es mir gelingt, Figuren zu schaffen, an deren Geschick man Anteil nimmt, dann liegt das vermutlich daran, dass diese Figuren mir selbst ziemlich nahe stehen."

Gut ist, was man selbst mag

Machen Sie es sich – vor allem, wenn es sich um Ihren ersten Roman handelt – nicht von Beginn an zu schwer, indem Sie sich eine Hauptfigur ausdenken, die Ihnen im Grunde unsympathisch ist. Entwickeln Sie lieber einen Protagonisten, den Sie mögen und eine Geschichte, die Sie selbst gerne lesen würden. Denn mit Sicherheit haben Sie schon einige Bücher aus Ihrem Lieblingsgenre gelesen, und finden schneller in die Regeln des Schreibens hinein.

Beispiele aus den Bestsellerlisten

Es gibt wenige Romane, die in den vergangenen Jahren so viel Furore gemacht haben, wie „Der Schwarm" von Frank Schätzing. Obwohl das Werk über 1 000 Seiten dick ist, gelingt es dem Autor, seine Leser ständig in Atem zu halten; immer wieder werden diese Zeugen neuer, schockierender Ereignisse:

„An jenem Mittwoch erfüllte sich das Schicksal von Juan Narciso Ucanan, ohne dass die Welt Notiz davon nahm.

Nicht nur die Geschichte an sich ist wichtig, sondern vor allem die Art und Weise, wie sie erzählt wird.

In einem höheren Kontext tat sie es durchaus, nur wenige Wochen später, ohne dass jemals Ucanans Name fiel. Er war einfach einer von zu vielen. Hätte man ihn unmittelbar befragen können, was am frühen Morgen jenes Tages geschah, wären wohl Parallelen zu ganz ähnlichen Geschehnissen offenbar geworden, die sich zugleich rund um den Globus ereigneten."

So ruhig und subtil beginnt der Autor seine Fäden zu spinnen, mit denen er später die Nerven seiner Leser fest im Griff hat:

„Er schaffte es zur Reling und sah hinaus. Ringsum brodelte weiß die See. Als säßen sie in einem Kochtopf.
Das waren keine Wellen. Kein Sturm. Es waren Blasen. Riesige, aufsteigende Blasen. Wieder sackte der Schiffsboden weg. Bauer fiel nach vorn und schlug mit dem Gesicht hart auf die Planken. In

seinem Kopf explodierte der Schmerz. Als er wieder aufsah, war
seine Brille zu Bruch gegangen. Ohne Brille war er so gut wie
blind, aber er sah auch so, dass die See über dem Schiff zusam-
menschlug.
Oh Gott!, dachte er. Oh Gott, hilf uns."

Die Geschichte wird immer spannender, und die beinahe
atemlose Erzählweise mit ihren kurzen Sätzen trägt dem
Rechnung.
Ein weiteres Beispiel, wie Inhalt und Stil zu einem Ganzen
verschmelzen, ist die „Hagener Triologie" von Frank
Schulz, der seine Leser mit in die persönlichen Abgründe
seines Protagonisten zieht und dabei auf eine ganz eigene,
stellenweise fast schon experimentelle Sprache zurück-
greift. Hier der Beginn des ersten Bandes „Kolks blonde
Bräute":

„Strapse! Schwarze Strapse!
Sein Blick zuckte beinah blitzschnell wieder zurück auf den blaß-
gescheckten Fußboden. Eine dumpfe Schmerzdrohung des
Nackenmuskels ließ ihn innehalten. Dann strich Kolk entschlossen
über die noch regenfeuchte Stirn, stabilisierte seine Hocke mit
einem ungelenken Hinternhüpfer auf der anderen Ferse und fuhr
vorsichtig fort, weitere Briefe zusammenzufingern, die ihm aus
der umgekippten Ledertasche gekippt waren. Stieß Kanten der
Kuverts zehnmal, und zweimal zusätzlich, und sicherheitshalber
nochmal auf die kühlen Bodenfliesen. Der Arterienlärm in seinen
Gehörröhren schwoll auf und ab ..."

Zwei Romane, so unterschiedlich wie Tag und Nacht, aber jeder in sich stimmig und genau so geschrieben, wie die Geschichte es verlangt. Haben Sie deshalb ruhig den Mut, ein wenig zu experimentieren, bevor Sie sich endgültig auf den Stil Ihres Romans festlegen. Wichtig ist, dass er zum Inhalt passt, und dass Sie ihn von der ersten bis zur letzten Seite durchhalten können.

Kinder- und Jugendbücher

Die Mutter aller Kinderbuchautoren, Astrid Lindgren, sagte einmal auf die Frage, wie man Kinderbücher schreiben lernen könne: „Man muss nur einfach selbst ein Kind gewesen sein. Und sich daran erinnern, wie es war!"

Jede Altersstufe fordert andere Themen.

Folgen Sie also dem Beispiel dieser großen Autorin, und tauchen Sie ein in die Welt Ihrer eigenen Kindheit. Kinder sind spontan und direkt. Bücher lesen sie nicht, um ihr Allgemeinwissen zu erweitern. Sie lesen aus Freude. Sie wollen neue Welten entdecken, Spannung und Spaß erleben. Das ist eine große Herausforderung für alle Kinder- und Jugendbuchautoren. Sie müssen sich in die Kinderwelt einfühlen, in fremd gewordene Sphären eintauchen. Jedes Alter ist dabei anders. Und jede Altersstufe fordert andere Themen. So umfangreich diese sind, so vielseitig sind auch die Möglichkeiten, die sich Ihnen als Kinder- und Jugendbuchautor bieten.

■ *Die Zielgruppe festlegen*: Bei Kinderbüchern sind die Altersgruppen klar definiert. Bevor Sie also einen Kinderbuchtext entwerfen, müssen Sie sich entscheiden, für welche Leser Sie schreiben wollen, denn das ist entscheidend für die Länge des Textes, Sprache, Handlung und Ausstattung. In der Regel werden Kinderbücher grob in folgende Alterszielgruppen aufgeteilt: Für die Kleinsten bis zwei Jahre, Pappbilderbücher für Zwei- bis Dreijährige, Bilderbücher für Vier- bis Fünfjährige, Erstleser von fünf bis sieben Jahren, Schulkinder von acht bis zehn Jahren. Diese strikte Unterteilung ist deshalb so wichtig, weil sich die Erfahrungswelten der Kinder und ihre täglichen Entdeckungen der ganz normalen Umgebung schnell ändern – und damit auch ihre Interessen. Je jünger die Leser sind, desto wichtiger ist, dass die Geschichte einem einzigen Handlungsstrang folgt. Erst ab frühestens sieben Jahren können Sie damit beginnen, zwei Handlungen miteinander zu verknüpfen.

■ *Die Eltern lesen mit*: Denken Sie daran – Kinderbücher haben im Grunde zwei Zielgruppen. Zum einen natürlich die Kleinen selbst, zum anderen aber auch Eltern, Großeltern, Tanten und Onkels, die Erwachsenen also, die die Bücher auch kaufen. Und nicht immer finden diese Dinge lustig, die den Kindern durchaus gefallen würden, und oft wünschen sie außerdem, dass das Buch gewissen pädagogischen Ansprüchen genügt.

- Nicht *überfordern*: Das Alter Ihrer Zielgruppe entscheidet auch über die Länge des Textes und den Bildanteil Ihres Buches. Naturgemäß nimmt der Bildanteil bei Kinderbüchern mit zunehmenden Alter der Leser ab, die Länge des Textes dagegen zu. Während für die Jüngsten 2 000 Zeichen völlig ausreichend sind, können Sie Schulkinder schon wesentlich stärker fordern.

- *In der Kürze liegt die Würze*: Was in der Erwachsenenliteratur durchaus häufig vorkommt – lange Beschreibungen von Kleidung, Aussehen, Umgebung und anderen Dingen –, langweilt nicht nur die kleinen Leser, sondern meist auch die, die das Buch vorlesen. Nur die wirklich wichtigen Dinge haben es verdient, erzählt zu werden, der Handlungsstrang sollte komprimiert und dicht sein, nicht abschweifen und auf Nebenpfade führen. Natürlich können Sie die Gedanken Ihrer Protagonisten schildern, fassen Sie sich aber auch hier lieber kurz.

- *Vorsicht vor coolen Sprüchen*: Was „megamäßig cool" ist, wissen Kinder meist wesentlich besser als Erwachsene, und sie definieren es beinahe täglich neu. Was also bei Drucklegung Ihres Kinderbuches in ist, kann bei dessen Erscheinen bereits altbacken sein. Im schlimmsten Fall wirkt die Sprache dann gewollt und anbiedernd und nicht auf wirklicher Augenhöhe mit den Lesern. Spielen Sie lieber mit der Sprache, denn lustige Wortschöpfungen finden Kinder eigentlich immer witzig.

- *Moralapostel sind out:* Kinder wollen von Büchern unterhalten und gefesselt werden. Sie durchschauen sehr schnell, wenn man Sie – möglichst mit dem erhobenen Zeigefinger – belehren möchte. Trauen Sie Ihren jungen Lesern ruhig zu, dass sie

  Kinder durchschauen sehr schnell, wenn man belehren möchte.

  erkennen, welche Protagonisten sich gut verhalten und welche nicht, und versuchen Sie nicht, sie mit der Nase darauf zu stoßen.

- *In Bildern denken:* Wenn Sie eine Bilderbuchgeschichte schreiben, denken Sie in Bildern. Denn diese zeigen, was im Text nicht zu lesen ist. So können Sie sich beispielsweise lange Beschreibungen von Kleidung, Aussehen oder Einrichtungen sparen, wenn man dies ohnehin sehen kann. Erzählen Sie stattdessen, was man nicht sieht, also, was die Figuren sagen, denken oder als Nächstes tun wollen.

Selbst wieder Kind sein

Wenn Sie ein Kinderbuch schreiben möchten, dann versetzen Sie sich am besten so oft wie möglich in Ihre eigene Kindheit zurück. Was haben Sie damals über heute und ganz alltägliche Dinge gedacht, was hat Ihnen Angst eingejagt, worüber haben Sie sich gefreut? Lassen Sie all das wieder aufleben: Wie Sie sich stundenlang mit einer Blumenkette beschäftigen konnten, tagelang versucht haben, Marienkäfer zu fangen. Das Herzklopfen, als Sie zum ersten Mal alleine zu Hause waren, oder der Nachbar schimpfte, weil Ihr Ball in seinem Garten gelandet war. All diese Erinnerungen sind wichtig, damit Sie sich in die Welt Ihrer jungen Leser wirklich hineinversetzen können.

Beispiele aus den Bestsellerlisten

Kaum eine andere Schriftstellerin verstand es in den vergangenen Jahren, die jungen Leser so zu fesseln, wie Joanne K. Rowling mit ihrem „Zauberschüler". Sie verstand es, eine geheimnisvolle, spannende Welt zu erschaffen, in die die Kinder und Jugendlichen – und auch etliche Erwachsene – schon von Beginn an eintauchen konnten, wie etwa in „Harry Potter und der Gefangene von Askaban":

„Harry Potter war in vielerlei Hinsicht ein höchst ungewöhnlicher Junge. So hasste er zum Beispiel die Sommerferien mehr als jede andere Zeit des Jahres. Zudem wollte er in den Ferien eigentlich

gern für die Schule lernen, doch er war gezwungen, dies heimlich und in tiefster Nacht zu tun. Und außerdem war er ein Zauberer. Es war schon fast Mitternacht und er lag bäuchlings im Bett, die Bettdecke wie ein Zelt über seinen Kopf gezogen, eine Taschenlampe in der Hand und ein großes, in Leder gebundenes Buch (Geschichte der Zauberei von Adalbert Schwahfel) ans Kopfkissen gelehnt ..."

Virtuos verknüpft Rowling Bekanntes mit Ungewöhnlichem und beschreibt dies so anschaulich, dass der Leser immer tiefer in die Geschichte hineingezogen wird.
Ebenso verhält es sich bei einem der ganz großen Klassiker im Bereich der Kinderbücher. Mit „Pippi Langstrumpf" wurden – und werden noch immer – Generationen von Kindern groß, träumen von dem bunten Leben und den wilden Abenteuern des kleinen, rothaarigen Mädchens, das Astrid Lindgren erschaffen hat:

„Am Rand der kleinen, kleinen Stadt lag ein alter verwahrloster Garten. In dem Garten stand ein altes Haus und in dem Haus wohnte Pippi Langstrumpf. Sie war neun Jahre alt und wohnte ganz allein da. Sie hatte keine Mutter und keinen Vater und eigentlich war das sehr schön, denn so war niemand da, der ihr sagen konnte, dass sie zu Bett gehen sollte, gerade wenn sie mitten im schönsten Spiel war, und niemand, der sie zwingen konnte, Lebertran zu nehmen, wenn sie lieber Bonbons essen wollte."

Tipps für gutes Schreiben

„Damals sagte ich zu meiner Frau: ‚Ich werde ein ganz gefährliches Experiment beginnen. Ich werde für das Publikum schreiben, und ich werde so schreiben, dass alle verstehen, was ich meine'." Marcel Reich-Ranicki

Zugegeben: Es gibt sie, die Genies, denen brillante Sätze nur so aus den Fingern zu fließen scheinen. Aber sie sind selten.

Gutes Schreiben erfordert in erster Linie Übung.

Alle anderen müssen sich gutes Schreiben erarbeiten, und das erfordert in erster Linie Übung. Und das Beachten einiger Grundregeln, die für nahezu jedes Genre gelten. Hier die Top 10 des guten Schreibens:

1. *In den Text hineinziehen:* Finden Sie einen Anfang, der Ihren Text aus der Masse heraushebt. Er soll Ihren Leser in die Geschichte hineinziehen und ihn fesseln bis zum Schluss. Das gilt auch für den Beginn eines jeden neuen Kapitels. Setzen Sie sich aber nicht unter Druck, weil Sie unbedingt mit dem druckreifen ersten Satz beginnen wollen. Oft wird Ihnen beim Schreiben selbst erst klar, wie er lauten muss.

2. *Einfache Sätze formulieren:* Schreiben Sie Hauptsätze, die Ihre Leser nachvollziehen können, ohne sie noch einmal lesen zu müssen. Komplizierte Konstruktionen nehmen dagegen bald die Freude am Lesen und wirken ermüdend. Das erfordert natürlich, dass Sie erst einmal

Ihre eigenen Gedanken ordnen müssen, bevor Sie mit dem Schreiben beginnen. Vermeiden Sie Euphemismen, Schachtelsätze und Klischees. Verwenden Sie lieber schlichte und klare Wörter. Steigerungen, Übertreibungen und Übersteigerungen werden leicht zu leeren Phrasen, die der Leser leicht durchschaut.

3. *Füllwörter vermeiden:* Achten Sie auf Wortwiederholungen und unnütze Füllwörter wie „auch", „obwohl" und „vielleicht". Nur wenn sie notwendig sind, sollten Sie diese Wörter verwenden, meist sind sie entbehrlich und halten den Leser nur auf. Formulieren Sie besser ganz konkret: So wecken Sie am ehesten die Aufmerksamkeit Ihres Lesers.

4. *Adjektive gut dosieren:* Adjektive sind das Salz in der Suppe – sind es zu viele, schmeckt sie nicht mehr. Auf die richtige Dosierung kommt es an, und manchmal ist auch hier weniger mehr.

5. *Lebendig schreiben:* Überlegen Sie bei jedem Substantiv, ob ein Verb besser klingt. Verben bewegen, Substantive liegen wie Steine im Bauch und erinnern eher an Beamtensprache. Ersetzen Sie Hilfsverben durch ausdrucksstarke Verben und meiden Sie den Infinitiv. Schreiben Sie im Aktiv statt im Passiv.

6. *Verständlich bleiben:* Gebrauchen Sie so wenige Fremdwörter wie möglich. Wenn ein Text durch Fremdwörter nicht bereichert wird, gibt es keinen vernünftigen Grund, sie zu benutzen.

7. *Schaffen Sie Abwechslung:* Jeder Satz muss seine Bedeutung für den Text haben, zum Weiterlesen anregen und darf nicht langweilen. Schreiben Sie Sätze mit zehn bis zwanzig Wörtern, wechseln Sie zwischen kurzen und längeren Sätzen. Auch Absätze und Kapitel sollten unterschiedlich lang sein.

8. *Anschaulich beschreiben:* Metaphern machen einen Text anschaulich und lebendig. Damit können Sie abstrakte Dinge, aber auch Gefühle, besser veranschaulichen. Klischees hingegen bewirken eher das Gegenteil.

9. *Neugierig machen:* Beenden Sie jeden Absatz, jedes Kapitel so, dass der Leser neugierig auf das gemacht wird, was ihn noch erwartet.

10. *Das Geschriebene sacken lassen:* Nicht immer findet man auf Anhieb die passende Formulierung, und manches wirkt doch nicht mehr so gelungen, wenn man es sich einen Tag später noch einmal durchliest. Nehmen Sie sich ruhig die Zeit, Ihren Text immer wieder durchzulesen, aber lassen Sie etwas Abstand dazwischen.

Kritik suchen – Rat einholen

Selbst erfahrene Autoren holen sich oft den Rat und die Meinung anderer ein, denn diese sehen beispielsweise stilistische Brüche oder unlogische Zusammenhänge, die einem selbst erst einmal gar nicht auffallen. Das ist völlig normal, denn wer sich lange mit seinem Thema beschäftigt hat, kennt es in- und auswendig. So verzichtet man eventuell auf Details, die einem selbst völlig selbstverständlich erscheinen, für den Leser jedoch wichtig sind, um bestimmte Entwicklungen der Handlung nachzuvollziehen.

Profis helfen dem Nachwuchs

Die Erfolgsautorin Tanja Kinkel bietet Nachwuchsschriftstellern eine Möglichkeit, sich untereinander auszutauschen und gegenseitig Rat zu geben. In einem Interview erklärte sie einmal, warum, und wie es funktioniert:

„Bei meinen Lesereisen werde ich immer wieder gefragt, wie und ob man lernen könne, Autor zu sein. Um als Autor weiterzukommen, braucht man Übung, auf jeden Fall, aber eben auch Leser, die konstruktive Kritik anbieten, und/oder Enthusiasmus. Eine Schreibwerkstatt, bei der ich die Themen stelle und Leser einander bewerten, schien mir die beste Möglichkeit zu sein, Jungautoren zu helfen. Ich selbst gebe dabei kein Urteil ab, sondern bleibe neutral. Nicht nur, weil ich keine Lektorin bin, sondern auch, weil sonst sehr schnell der Verdacht von Parteinahme aufkäme. Es sind die angehenden Autoren, die einander bewerten, kritisieren oder anfeuern, sehen, was mehrere Menschen aus der gleichen Grundlage auf unterschiedliche Weise machen. Dazu biete ich ihnen die Chance.“

Solche Plattformen sind natürlich ideal, um zu sehen, wie die eigene Geschichte bei anderen ankommt, die sich ebenfalls intensiv mit dem Schreiben auseinandersetzen.

Arbeiten Sie gerade an einem Sachbuch oder einem Ratgeber, können – und sollten – Sie sich auf anderem Weg fachlichen Rat einholen. Vermutlich verfügen Sie ohnehin über Kontakte auf dem Gebiet, über das Sie schreiben. Scheuen Sie sich also nicht, Ihre Gliederung oder Textauszüge einem dieser Menschen zu zeigen und ihn nach seiner Meinung zu fragen. Er kann Ihnen vielleicht helfen, das Konzept noch weiter auszufeilen oder Sie auf inhaltliche Ungereimtheiten aufmerksam machen.

Beziehen Sie Ihre Zielgruppe ein

Viele fachliche Experten können zwar den Inhalt und die Ausrichtung eines Projektes gut beurteilen, tun sich jedoch schwer damit zu sagen, ob die Umsetzung der jeweiligen Zielgruppe gerecht wird, und ob der Schreibstil gelungen ist. Fahren Sie also ruhig zweigleisig, und lassen Sie auch einen Laien Ihren Text lesen, der am besten schon einige Bücher dieser Richtung kennt. Ihm wird eher auffallen, ob er sich angesprochen fühlt, oder nicht. Oder Sie wenden sich an einen freien Lektor. Das bedeutet zwar einen finanziellen Aufwand, ist aber gleichzeitig die professionellste Lösung und gerade für frischgebackene Autoren, die sehr unsicher sind, durchaus eine Überlegung wert.

Schreiben Sie an einem Kinder- oder Jugendbuch, lohnt es sich, die Zielgruppe als „Versuchskaninchen" heranzuziehen. Praktisch ist es natürlich, wenn Sie eigene Kinder haben, die im Alter Ihrer Zielgruppe sind, doch dieses Glück hat nicht jeder. Dann sollten Sie keine Scheu haben, den Nachwuchs von Freunden oder Verwandten anzusprechen. Gute Kontakte können für Sie auch Kindergärtnerinnen oder Lehrer sein. Sie kennen sich meist gut in der Literatur ihrer Schützlinge aus und können Ihren Text auch an verschiedene Kinder weiterleiten. Vielleicht ergibt sich sogar die Gelegenheit, dass Sie mit einer kleineren Gruppe von Kindern oder Jugendlichen über Ihr Thema diskutieren können – eine bessere Möglichkeit, seine Zielgruppe kennenzulernen gibt es kaum!

Den Schreiballtag meistern

Ein Buch zu schreiben ist wie ein kreativer Marathon – es erfordert Ausdauer und einen langen Atem. Was einem gestern noch locker von der Hand ging, erfordert am nächsten Tag enorme Anstrengungen, immer wieder gerät das Erzählen ins Stocken, werden Sätze gelöscht, neu geschrieben und wieder verworfen. Und

> **Was einem gestern noch locker von der Hand ging, erfordert am nächsten Tag enorme Anstrengungen.**

manchmal geht überhaupt nichts: Da sitzt der Autor vor seinem Bildschirm und findet partout keinen Anfang.

Was tun gegen die Schreibblockade?

Profis nennen dieses Phänomen Schreibblockade. Sie taucht besonders gerne dann auf, wenn der Vertrag unterschrieben ist, der Abgabetermin feststeht und näher rückt, mit anderen Worten: wenn der Druck wächst. Gut möglich also, dass Sie sie im Laufe Ihrer Arbeit ebenfalls kennenlernen werden. Doch keine Sorge, es gibt ein paar Tricks, mit denen Sie solche Phasen überstehen und wieder in Ihren alten Schreibrhythmus zurückfinden. Hier die zehn wichtigsten Strategien:

1. *Wissen, worüber Sie schreiben wollen:* Die häufigste Ursache von Schreibhemmungen ist, dass der Autor seine Gedanken noch nicht klar genug geordnet hat. Möglicherweise fehlen auch noch wichtige Bausteine in der Recherche. Je breiter und tiefer das Wissen, desto besser haben Sie vor Augen, was Sie schreiben möchten.

2. *Gliedern, wie Sie vorgehen wollen:* Manchmal hilft es schon, den geplanten Text in Teilabschnitte zu zerlegen, um sich einen Überblick zu verschaffen und das Ganze logisch zu gliedern. Mindmaps, aber auch lineare Listen können dabei ebenso hilfreich sein wie das Ausformulieren von Zwischenüberschriften.

3. *Legen Sie einfach los:* Wenn Sie jeden Satz, jeden Abschnitt, gleich nachdem Sie ihn geschrieben haben, einer kritischen Prüfung unterziehen, ist eine Schreibblockade fast schon vorprogrammiert. Schreiben Sie einfach weiter, auch wenn Sie merken, dass der Text noch nicht optimal ist, und korrigieren Sie ihn in einem nächsten Schritt. Sie werden sehen: Oft schreiben Sie ganze Passa-

gen noch einmal neu, dann aber geht es Ihnen viel leichter von der Hand.

4. Mut zur Lücke: Verzetteln Sie sich nicht in Details. Aus der Angst heraus, einen Punkt nicht ausführlich genug behandelt zu haben, werden Manuskripte oft nur schlechter und verworrener, bis man völlig den Überblick verloren hat. Beschreiben Sie lieber erst den großen Zusammenhang, und vertiefen Sie bestimmte wichtige Sachverhalte dann in einem nächsten Arbeitsschritt. Denn: Umformulieren, korrigieren und feilen können Sie an den Textbausteinen hinterher immer noch.

5. Dort beginnen, wo es leichtfällt: Oft fehlt ganz einfach der entscheidende erste Satz. Und je länger man darüber nachgrübelt, wie man beginnen soll, desto mutloser wird man. Umgehen Sie diese Falle, indem Sie einfach dort anfangen, wo es Ihnen leichtfällt – das kann durchaus die Mitte eines Kapitels sein. Der Vorteil: Man sieht nicht länger einen leeren Bildschirm vor sich, und oft kommen einem die besten Ideen beim Schreiben selbst.

6. Tief Luft holen: Viele Störfaktoren wie Telefon, Posteingangston am Computer, laute Geräusche oder Zwischenfragen von Familienmitgliedern verhindern, dass man seine Gedanken auf das Schreiben konzentrieren kann. Ziehen Sie sich also so gut es geht zurück, und beginnen Sie Ihre Arbeit, indem Sie sich erst einmal entspannen. Stimmen Sie sich innerlich auf das ein, worüber Sie in

den nächsten Stunden schreiben möchten, und lassen Sie sich nur im Notfall davon ablenken.

7. *Den Leser vor Augen:* Schreiben ist Kommunikation. Stellen Sie sich also – durchaus bildhaft – vor, wem Sie gerade schreiben, was Sie ihm oder ihr erzählen und wie Sie das Interesse Ihres Lesers wecken wollen: Was möchte er wissen, wie möchte er unterhalten werden? Dabei sollten Sie allerdings nicht so weit gehen, sich kontrolliert oder bewertet zu fühlen. Stellen Sie sich den Leser vor als einen Menschen, der Ihnen wohlwollend zuhört und etwas von Ihnen lernen möchte.

8. *Lesen statt selbst schreiben:* Wenn einfach gar nichts geht, dann lehnen Sie sich zurück, und lesen Sie – am besten etwas, das mit Ihrem Thema zu tun hat. Machen Sie sich Notizen, wenn Sie auf eine interessante Idee oder Formulierung stoßen, und Sie werden merken: Bald sind Sie wieder mittendrin und auch das Schreiben stellt sich dann fast von alleine ein.

9. *Mit Fingerübungen aufwärmen:* Wer regelmäßig und viel schreibt, hat in der Regel seltener Schreibhemmungen oder Angst vor der leeren Seite – seine Erfahrung gibt ihm genug Selbstvertrauen. Wenn Sie noch nicht so viel Übung haben, verschaffen Sie sich einfach welche – indem Sie zwischendurch oder zum Aufwärmen kleinere Texte formulieren, die gar nichts mit Ihrem Buchthema zu tun haben müssen.

10. **Den Ort wechseln:** Schreiben erfordert Kreativität. Und die lässt unter Alltagsbedingungen schon mal auf sich warten. Helfen Sie ihr auf die Sprünge, indem Sie für sich selbst Abwechslung schaffen, denn eine räumliche Veränderung beflügelt den Geist. Mit einem Laptop ist es umso einfacher, einen Ort aufzusuchen, der Sie inspiriert, beispielsweise ein Café, eine Bibliothek oder einen Park im Sommer. Falls Sie keinen Laptop besitzen, gehen Sie trotzdem raus, und machen Sie sich Notizen, die Sie später übertragen können.

> Plötzlich rückt der Abgabetermin immer näher, und es bricht Panik aus.

Das optimale Arbeitspensum

Selbst unter erfahrenen Autoren ist das folgende Phänomen weit verbreitet: Der Vertrag ist unterschrieben, aber der Abgabetermin erscheint in weiter Ferne. Also geht man es erst einmal langsam an, recherchiert hier und da, feilt am Konzept, das Manuskript wächst nur langsam. Plötzlich rückt der Termin immer näher, und es bricht Panik aus: Wie soll man das alles bloß noch schaffen?

Wer gar nicht erst in diese missliche Lage geraten will, sollte seine Arbeit von Anfang an strukturieren. Das verhindert, dass man sich zu lange in unwichtigen Details verzettelt und dabei den Überblick über das gesamte Buch verliert. Oder, dass man wichtige Aufgaben schleifen lässt, weil man glaubt, das alles irgendwann schon wieder aufholen zu können. Machen Sie sich also gleich, nachdem Sie den Vertrag unterschrieben haben, einen Plan, wie Sie in den nächsten Monaten vorankommen möchten.

Wie viel Zeit haben Sie zur Verfügung?

Sie wissen nun, wie viel Zeit Ihnen zur Verfügung steht und wie umfangreich das Manuskript sein soll. Jetzt überlegen Sie, wie Sie sich diese Zeit einteilen wollen und können. Seien Sie dabei ehrlich zu sich selbst: Es ist fast unmöglich, nach einem anstrengenden Arbeitstag noch mehrere Stunden konzentriert und kreativ zu schreiben, schon gar nicht täglich und über mehrere Monate hinweg. Und auch, wenn Sie mehr Zeit zur Verfügung haben, wollen Sie sich vielleicht ab und zu noch mit Freunden treffen oder etwas mit der Familie unternehmen.

Planen Sie deshalb am besten geregelte Arbeitszeiten, an denen Sie an Ihrem Buch arbeiten wollen, aber kalkulieren Sie diese realistisch. Sie werden vermutlich nicht jedes Wochenende komplett an Ihrem Projekt arbeiten können und auch nicht jeden Abend, wenn Sie berufstätig sind. Falls Sie nicht ohnehin über ein eigenes Büro verfügen, richten Sie sich einen festen Arbeitsplatz ein, an dem Sie ungestört sind. Nichts ist mühsamer und zeitraubender, als vor dem Schreiben erst einmal alle Unterlagen zusammensuchen oder andere Dinge forträumen zu müssen. Auch andere Ablenkungen können Ihren Zeitplan nachhaltig durchkreuzen: Klären Sie deshalb schon im Vorfeld mit

Ihrer Familie ab, wann Sie möglichst nicht gestört werden möchten, um in Ruhe an Ihrem Buch zu arbeiten.

Beispielrechnung

Angenommen, der Verlag erwartet von Ihnen für einen Ratgeber 150 Manuskriptseiten à 1800 Zeichen. Das bedeutet, dass Sie in dem vorgegebenen Zeitraum – von beispielsweise sechs Monaten – insgesamt 270 000 Zeichen zu Papier bringen müssen.

Überlegen Sie nun, wie Ihr Arbeitsrhythmus in diesem kommenden halben Jahr aussehen soll: Können Sie sich Ihrem Projekt jeden Tag widmen oder vielleicht nur am Wochenende? Gerade, wenn Sie das Buch neben Ihrem eigentlichen Beruf schreiben, sollten Sie eventuelle Termine, Überstunden und Urlaube mit einplanen.

In diesem Beispiel kommen ein Tag und zwei Abende pro Woche in Frage. Nun müssen Sie herausfinden, welches Pensum Sie an einem Abend oder an einem Tag realistischerweise schaffen können. Dazu beobachten Sie sich am besten selbst: Wo liegt die Höchstgrenze, wie viel kommt heraus, wenn es nicht so gut läuft?

Gesetzt den Fall, Sie können pro Woche etwa 15 000 Zeichen schreiben, bräuchten Sie für das Manuskript etwa viereinhalb Monate – nur für das Schreiben. Hinzu kommen natürlich auch Recherche, Korrekturlesen und Überarbeitungen, dafür bleiben Ihnen dann noch eineinhalb Monate Zeit. Ein durchaus realistischer Plan, der Ihnen während der Arbeit an Ihrem Buch helfen kann zu überprüfen, ob Sie im vorgegebenen Zeitrahmen liegen oder nicht.

Schritt 5:
Vom Verfasser zum Autor

Wie Sie sich und Ihr Buch ins rechte Licht rücken

Marketing und Werbung

„Rezensionen sind bei weitem noch keine Gottesurteile."

Georg Christoph Lichtenberg

Das Werk ist fertig, stolz hält der Autor sein Buch in der Hand, die Titel werden an die Buchhandlungen ausgeliefert. Nun sollten möglichst viele Personen von diesem freudigen Ereignis erfahren. Teilweise wird der Verlag das Marketing übernehmen, aber es kann durchaus nicht schaden, wenn Sie sich selbst in diese Aktivitäten einbringen und Ihre persönlichen Kontakte nutzen, um die Verkaufszahlen zu steigern. Wichtig ist dabei allerdings, dass Sie sich eng mit Ihrem Verlag abstimmen, damit beispielsweise keine Zeitung doppelt angeschrieben wird.

Es kann nicht schaden, wenn Sie sich selbst in die Marketingaktivitäten einbringen.

Pressearbeit

Normalerweise sagt der Verlag bereits im Vertrag zu, den neuen Titel angemessen zu bewerben. Je nach Größe des

Hauses kann diese Werbung sehr unterschiedlich ausfallen; dabei spielt ebenfalls eine Rolle, wie Erfolg versprechend das Buch aus Sicht des Verlages ist und wie viel Geld und Kapazität er bereit ist, in das Projekt zu investieren.

Grundsätzlich können Sie davon ausgehen, dass Ihr Buch im aktuellen Programmkatalog vorgestellt wird. Darüber hinaus verschickt die Presseabteilung in der Regel Mitteilungen an alle Redaktionen, die für eine Veröffentlichung infrage kommen, meist zusammen mit einem Rezensionsexemplar. Wie intensiv diese Pressearbeit betrieben wird, hängt allerdings davon ab, wie umfangreich das übrige Verlagsprogramm ist und ob es sich bei Ihrem Buch um einen Schwerpunkttitel handelt, denn letztere werden natürlich wesentlich stärker beworben als die übrigen Neuerscheinungen.

Fragen Sie also Ihren Lektor, welche Aktivitäten für Ihren Titel geplant sind. Wenn ein Autor selbst eine Presseaussendung über das eigene Werk betreibt, könnte das von manchen Journalisten und Buchhändlern sogar negativ aufgenommen werden, erst recht, wenn zwei Tage zuvor bereits eine Information des Verlages in der Post lag. Sie können Ihren Verlag jedoch unterstützen, indem Sie beispielsweise eine Presseinformation über Ihr Buch formulieren, seine wichtigsten Aussagen und eine Kurzbiografie über sich selbst zusammenstellen, und diese dann im Namen des Verlags über dessen Presseverteiler versenden zu lassen.

So viele Kontakte wie möglich

Viele kleinere, aber sogar manche größeren Verlage besitzen keinen aktuellen Presseverteiler, in dem die Kontaktdaten aller Medien gespeichert sind, die für eine Buchbesprechung infrage kommen. Dann können Sie selbst einen solchen Verteiler erstellen – eine Mühe, die sich längerfristig durchaus lohnen kann. Nehmen Sie aber nur die Medien auf Ihre Liste, die sich tatsächlich für Ihr Thema sowie Ihr Genre interessieren könnten: Journalisten müssen sich an ihren Lesern orientieren und werden daher nur solche Informationen berücksichtigen, die diesen einen Nutzen bringen. Manchmal ergibt sich auch ein persönlicher Kontakt zu Mitarbeitern in den Zeitungsredaktionen. Nutzen Sie diese Chance, und informieren Sie Ihren Ansprechpartner direkt über Hintergründe zu Ihrem Buch. Er wird im Zweifelsfall gerne darüber berichten, wenn das Thema für sein Medium interessant ist, und darüber hinaus auf Ihr Buch verweisen – eine oft wesentlich überzeugendere Werbung als die reine Buchbesprechung.

Suchen Sie aber nicht zu häufig das Gespräch mit den Redaktionen. Bekommt ein Journalist das Gefühl, dass Sie Ihn für Ihre Zwecke vereinnahmen wollen, wird er mit Sicherheit auf Distanz gehen.

> **Journalisten müssen sich an ihren Lesern orientieren.**

Wichtige Informationen sammeln

Stellen Sie sich Ihren ganz persönlichen Presseverteiler zusammen, in dem Sie alle Medien speichern, die für Ihr Thema infrage kommen – vergessen Sie dabei das Internet nicht, denn diese Plattform wird auch von Ihren Lesern immer intensiver genutzt. Wichtige Informationen, über die Sie verfügen sollten, sind:

- Name und Adresse des Mediums
- Name des zuständigen Redakteurs, wenn möglich dessen Durchwahl und E-Mail-Adresse
- Website und E-Mail-Anschrift
- Erscheinungstermine sowie die Termine für den jeweiligen Redaktionsschluss

Lesungen

Ein wichtiger Weg, den Autor und sein Werk bekannt zu machen, sind Lesungen. Diese werden häufig vom Verlag organisiert, aber auch hier sollten Sie Eigeninitiative zeigen. Denn je mehr Autoren ein Verlag betreut, desto weniger Zeit kann er auf einzelne, insbesondere unbekannte verwenden.

Sehen Sie sich also frühzeitig nach Möglichkeiten um, die sich für Sie und Ihr Buch bieten – am besten schon, während Sie für Ihr Manuskript recherchieren. Interessant können in diesem Zusammenhang beispielsweise Websites von Autorenkollegen und kulturellen Institutionen sein.

Veranstaltungsplattformen, die über Lesungen und Kulturtage berichten, geben einen umfassenden Überblick, wo überall gelesen wird. Sammeln Sie alle Anregungen und sprechen Sie sie mit Ihrem Verlag ab. Klären Sie dabei, ob Sie selbst Kontakte herstellen sollen, oder ob sich der Verlag darum kümmern möchte.

Bevor Sie sich in das Abenteuer Ihrer ersten Lesung begeben, sollten Sie sich Zeit nehmen, um etwas zu üben. Denn reines Vorlesen ist nicht genug, das Publikum möchte von Ihnen unterhalten und in den Bann gezogen werden. Engagieren Sie Ihre Familie oder Freunde als „Versuchskaninchen", um sich auf den ersten öffentlichen Auftritt vorzubereiten. Bitten Sie Ihr vertrautes Publikum, Sie auf Schwachstellen hinzuweisen, beispielsweise auf weniger geglückte Übergänge. Überlegen Sie, mit welchen Anekdoten oder Hintergrundinformationen Sie Ihre Lesung auflockern und noch interessanter gestalten können. Eine Probe gibt Ihnen gleichzeitig das Gefühl dafür, wie viel Zeit Sie insgesamt benötigen werden. Oft geben die Veranstalter, beispielsweise Buchhandlungen, einen Zeitrahmen vor, und an diesen sollten Sie sich unbedingt halten. Schließlich wollen Sie ja bei Ihrem nächsten Buch wieder eingeladen werden! Sorgen Sie dafür, dass zur Lesung ein Büchertisch mit ausreichend vielen Exemplaren Ihres Werkes zur Verfügung steht, die Sie zum Abschluss auch signieren können.

Engagieren Sie Ihre Familie oder Freunde als „Versuchskaninchen".

Manchmal kümmern sich die Veranstalter selbst darum. Falls das nicht der Fall sein sollte, bestellen Sie bei Ihrem Verlag rechtzeitig genügend Bücher, die Sie zum Autorenrabatt beziehen und dann selbst zum Ladenpreis verkaufen können.

Spannung erzeugen
Wenn Sie Ihren Lesern die spannendsten Stellen oder die wichtigsten Botschaften Ihres Buches ausführlich verraten – warum sollen sie es anschließend kaufen? Wecken Sie also die Neugier Ihrer Zuhörer, brechen Sie ruhig mal abrupt ab, wenn es gerade so richtig fesselnd wird. Lassen Sie durchaus Fragen offen – die ein oder andere können Sie ja in der anschließenden Diskussion kurz beantworten und dann geschickt auf Ihr Werk verweisen.

Kontakte zu Buchhändlern

Vielleicht kennen Sie den Buchhändler in Ihrer Nähe ohnehin schon seit Jahren persönlich. Wenn nicht, sollten Sie als Autor nun unbedingt versuchen, ihn kennenzulernen. Hier bietet sich möglicherweise die Gelegenheit für eine erste Lesung; weiterhin ist er eher bereit, Ihren Titel in seinen Regalen zu präsentieren, wenn er Sie kennt und weiß, dass es sich um einen Autor aus derselben Stadt handelt. Besuchen Sie aber auch andere Buchhandlungen in Ihrer Region, doch vergessen Sie nicht, dies zuvor mit Ihrem

Verlag abzustimmen. Manche Aktivitäten können nämlich durchaus ins Auge gehen, auch wenn sie noch so gut gemeint sind. So fühlen sich Buchhändler eher belästigt, wenn sie das Gefühl haben, ein Autor möchte ihnen sein Werk aufdrängen.

Den richtigen Ansprechpartner finden

Wenn Sie Kontakt zu einer größeren Buchhandlung aufnehmen möchten, suchen Sie vor Ort nach dem Verkäufer, der für Ihr Themengebiet und Genre zuständig ist. Stellen Sie sich kurz vor und lassen Sie ihm ein Exemplar Ihres Buches da, damit er in Ruhe darin blättern kann. Sagen Sie ihm, welche Besonderheiten Ihr Werk aufweist, und dass Sie gerne für eine Lesung zur Verfügung stehen.

Das Internet als Plattform

Für alle, die als Autor Fuß fassen und einem breiten Publikum bekannt werden wollen, bietet das Internet eine Vielzahl von hervorragenden Möglichkeiten.

Die eigene Homepage als Visitenkarte

An erster Stelle steht natürlich die eigene Homepage – inzwischen ist eine solche Seite eigentlich schon Pflicht für jeden Autor, der auf sich aufmerksam machen möchte. Ist sie übersichtlich und professionell gestaltet, dient sie sozusagen als Ihre Visitenkarte im Netz — auf die Sie beispielsweise auch verweisen können, wenn Sie an einen Verlag oder eine Literaturagentur herantreten. Deshalb sollten Sie sich auch bei der Erstellungen von jemandem beraten oder unterstützen lassen, der Erfahrung auf diesem Gebiet besitzt. Denn eine laienhaft zusammengestellte Homepage kann leicht das Gegenteil von dem bewirken, als Sie eigentlich beabsichtigt haben. Unbedingt einbauen sollten Sie Informationen über:

> **Lassen Sie sich auch bei der Erstellung Ihrer Homepage von jemandem beraten, der Erfahrung besitzt.**

- *Sie als Autor*: Ihre Vita mit den relevanten Informationen, die Sie als Autor betreffen.
- *frühere Veröffentlichungen*: Hier können Sie sogar Links einbauen, über die Interessierte die Bücher kaufen können oder zu einem Internetanbieter gelangen.
- *Ihr Können*: Wenn möglich, mit aussagekräftigen Text- oder Arbeitsproben. Falls diese bereits gedruckt worden sind, sollten Sie zuvor den betreffenden Verlag informieren, damit Sie keine rechtlichen Vereinbarungen verletzen.
- *Bereits erschienene Rezensionen*: Falls Arbeiten von Ihnen schon einmal in der Presse besprochen wurden, sollten Sie auch diese ruhig in Ihre Seite einbauen.
- *Termine und Aktuelles*: Lesungen, Seminare oder andere Veranstaltungen, die Sie anbieten, sollten natürlich auf den ersten Blick zu sehen sein.

■ *Kontakte:* Und natürlich Links zu Verlagen, mit denen Sie eventuell schon zusammenarbeiten, Ihrer Literaturagentur und andere Seiten, die im Zusammenhang mit Ihrer Arbeit als Autor stehen. Im Gegenzug können Sie anregen, dass diese Sie ebenfalls in ihre Link-Liste aufnehmen.

Richten Sie Ihre Seiten möglichst ausschließlich auf Ihre Arbeit als Autor aus. Das wirkt in jedem Fall professioneller, als wenn Sie Privates mit Beruflichem vermischen. Haben Sie bereits eine private Homepage, dann richten Sie besser noch eine zusätzliche ein.

Raum für abgelehnte Werke?

Eine eigene Internetseite bietet Ihnen natürlich auch die Möglichkeit, Texte, Geschichten oder Romane ins Netz zu stellen, für die Sie bisher keinen Verlag gefunden haben. Doch hier ist Vorsicht geboten: Vielleicht ist das Material tatsächlich noch nicht so gelungen, was natürlich keine besonders gute Werbung für Ihr Können wäre und einen interessierten Lektor möglicherweise sogar abschrecken könnte. Wenn Sie unsicher sind, ob sich ein Text für Ihre Homepage eignet, holen Sie sich lieber noch ein paar Meinungen von Außenstehenden ein, eventuell auch von einem freien Lektor. So stellen Sie sicher, dass nur ins Netz kommt, was Sie in ein positives Licht rückt!

Sie können Ihre Homepage auch ganz gezielt auf Ihr Buch zuschneiden. Das kann beispielsweise dann sehr sinnvoll sein, wenn Sie ein bestimmtes Thema mit neuen Thesen besetzen wollen und vielleicht noch weitere Bücher in diesem Bereich planen. Und es hat den Vorteil, dass Menschen, die im Internet nach einem ganz bestimmten Begriff suchen, unweigerlich auf Ihre Seite stoßen. Dann sollten sie natürlich die Möglichkeit vorfinden, den Titel über einen Link sofort bestellen zu können. Achten Sie darauf, dass im Namen Ihrer Homepage alle wichtigen Stichworte zu Ihrem Thema auftauchen. Nur so können Sie sicher sein, beispielsweise bei einer Google-Suche, ganz oben unter den Treffern zu landen.

Das Buch im Internet

Bei manchen Titeln kann es durchaus Sinn machen, das Buch ganz oder teilweise ins Internet zu stellen, beispielsweise wenn es sich um ein Thema wie Internet-Marketing handelt. Klären Sie die Möglichkeiten einer solchen Veröffentlichung am besten gleich im Vorfeld mit dem Verlag ab, damit es später nicht zu rechtlichen Streitigkeiten kommen kann.

Schreiben als Beruf?

„Warum ich Schriftsteller bin: weil Schreiben noch eher gelingt als Leben, und weil für diesen Versuch, das Leben schreibend zu bestehen, der Feierabend nicht ausreicht."   Max Frisch

Für manche ist das Schreiben eines Buches ein einmaliges Projekt. Haben Sie dieses abgeschlossen, wenden sie sich einem neuen zu. Wieder andere verfassen Bücher regelmäßig als Ausgleich oder sogar Ergänzung zu ihrem eigentlichen Beruf, den sie deshalb noch lange nicht aufgeben möchten.

Nur von Buchhonoraren alleine können die wenigsten Autoren leben.

Für viele ist es jedoch ein großer Traum, das Schreiben selbst irgendwann zum Beruf machen zu können.

Auch wenn das im Grunde durchaus nicht ausgeschlossen sein muss, sollten Sie einen solchen Schritt nicht überstürzt wagen – schon gar nicht aus einer Euphorie heraus, die sich vielleicht mit dem Abschluss des ersten Verlagsvertrages einstellt. Denn der Buchmarkt ist, wie eingangs erwähnt, hart umkämpft, viele gute Autoren hoffen auf Aufträge und die Honorare fließen leider nicht gerade üppig. Das Schreiben wird also in den allermeisten Fällen lediglich eine schöne Nebenbeschäftigung bleiben, während man das Einkommen mit Hilfe des eigentlichen Berufes sichert. Nur von den Buchhonoraren alleine können die wenigsten Autoren leben.

Durststrecken einplanen

Bevor Sie sich entschließen, als freiberuflicher Autor zu arbeiten, sollten Sie genau kalkulieren, mit wie vielen Aufträgen Sie rechnen können und welche weiteren Einnahmequellen Ihnen zur Verfügung stehen. Planen Sie auch finanzielle Durststrecken von vornherein ein, denn oft erhalten Sie ein Teil des Buchhonorars erst bei der Manuskriptabgabe oder bei Erscheinen des Titels.

Die Versicherung für Künstler

Wenn Sie Ihr Einkommen hauptsächlich als freier Autor bestreiten, ist für Sie die Künstlersozialversicherung (KSK) die richtige Anlaufstelle. Sie dient als soziale Absicherung für Künstler, also auch Schriftsteller und Autoren. Hierbei nimmt sie quasi die Rolle des Arbeitgebers ein und bezahlt die Hälfte der Pflichtbeiträge zur Kranken- und Rentenversicherung sowie zur sozialen Pflegeversicherung. Wie bei einer anderen Pflichtversicherung auch, können Kinder oder Ehepartner ohne eigenes Einkommen kostenfrei mitversichert werden. Das Geld dafür bekommt die KSK wiederum von den Vermarktern der Künstler, im Falle von Autoren also von den Verlagen. Diese zahlen für jedes Honorar einen bestimmten Prozentsatz an die KSK.

> Die KSK kann Ihre tatsächlichen Einnahmen jederzeit überprüfen lassen.

Sie als Autor wiederum zahlen die andere Hälfte der Beiträge. Wie hoch diese sind, richtet sich nach Ihren jährlichen Einnahmen, also der Differenz aus den erhaltenen Honoraren und Ihren Ausgaben. Diese Einnahmen müssen Sie jeweils gegen Ende eines Jahres für das nächste Jahr schätzen, und auf der Basis dieser Schätzung werden dann die Beiträge errechnet. Auch wenn die Versuchung groß sein sollte, das eigene Einkommen kleiner zu rechnen, um einen niedrigeren Beitragssatz zu erzielen – widerstehen Sie ihr. Denn zum einen kann die KSK Ihre tatsächlichen Einnahmen jederzeit überprüfen lassen. Wird hierbei eine größere Abweichung festgestellt, kann das recht unangenehme Folgen für Sie haben. Zum anderen wird aus den gezahlten Beiträgen später einmal Ihr Rentenanspruch errechnet – und der fällt natürlich umso niedriger aus, je weniger Sie über die Jahre hinweg in die KSK einbezahlt haben.

Sollten Sie nicht ohnehin schon einen Versicherungsantrag gestellt haben, können Sie diesen bei der Landesversicherungsanstalt Oldenburg anfordern. Diese prüft dann, ob Sie die Voraussetzungen für eine Pflichtversicherung in der Künstlersozialkasse erfüllen. Sie können die Unterlagen auch unter www.kuenstlersozialkasse.de herunterladen und ausgefüllt an die KSK schicken. Auf der Internetseite finden Sie auch zusätzliche Informationen rund um Ihre Absicherung als freier Autor.

Was Sie zum Thema Steuern wissen sollten

Ob Sie nun nebenher ein Buch schreiben oder ausschließlich als freier Autor arbeiten – natürlich müssen Sie Ihr Honorar am Jahresende in Ihrer Steuererklärung angeben und versteuern. Gleichzeitig ist es üblich, dass Sie als Autor eine Mehrwertsteuer in Höhe von sieben Prozent in Rechnung stellen. Das macht zusätzlich eine Mehrwertsteuererklärung notwendig, die Sie, falls Sie Angestellter sind, normalerweise nicht abgeben müssten.

Damit sich die gesetzlichen Abgaben in Grenzen halten, sollten Sie unbedingt alle Ausgaben belegen, die Sie im Zusammenhang mit Ihrem Buchprojekt tätigen mussten. Dazu gehören nicht nur das Papier für den Drucker und anderes Büromaterial. Auch Bücher, die Sie zur Recherche gekauft haben, Portokosten, Bahntickets, Benzinkosten für Fahrten zum Verlag beispielsweise können Sie in solchen Fällen von der Steuer absetzen. Wichtig ist nur, dass Sie jede Quittung, die im Zusammenhang mit der Arbeit an Ihrem Buch steht, sorgfältig aufheben.

Falls Sie ein eigenes Büro in Ihrer Wohnung haben, in dem Sie an Ihrem Buch arbeiten, können Sie auch dieses Zimmer – möglicherweise – zumindest zum Teil absetzen. Wenn Sie keinen Steuerberater haben, der sich ohnehin um solche Fragen kümmert, kann die Anschaffung eines Ratgebers zu diesem Thema lohnend sein – hier findet sich der ein oder andere Tipp, der gerade für Freischaffende bares Geld wert sein kann.

Kosten vorzeitig absetzen

In vielen Fällen erscheint ein Buch nicht im gleichen Jahr, in dem man mit der Arbeit daran begonnen hat. Dennoch sammeln sich schon in der Anfangsphase Quittungen für Ausgaben an, etwa für Bücher oder anderes Recherchematerial. Sie können diese Ausgaben natürlich absetzen, bevor Sie Ihr Honorar ausgezahlt bekommen oder der Titel gedruckt ist: Legen Sie Ihrer Steuererklärung das Exposé Ihres Buches bei oder, wenn bereits vorhanden, den Verlagsvertrag. Falls Sie noch keinen Vertrag in der Tasche haben, fügen Sie die Anschreiben bei, mit denen Sie Ihr Buch bei Verlagen bereits angeboten haben.

Kontakte knüpfen

Nutzen Sie Netzwerke für Autoren

Neben den großen Autoren- und Schriftstellerverbänden gibt es eine Vielzahl von Autorenvereinigungen, die die Möglichkeit bieten, sich mit anderen auszutauschen oder aber auch gerade Neulingen helfen können, von erfahreneren Autoren zu lernen. Oft sind diese Netzwerke auf ein bestimmtes Genre oder eine Region bezogen und im Internet leicht zu recherchieren.

> Ideal für den persönlichen Austausch sind regional organisierte Autorenvereine und -gruppen.

Es kann durchaus hilfreich für Sie sein, einem Autorenverband beizutreten. Denn neben dem Austausch mit Gleichgesinnten bietet sich dadurch vielleicht für Sie die Möglichkeit, an Einzel- oder Gemeinschaftslesungen sowie ähnlichen Veranstaltungen teilzunehmen. Darüber hinaus finden Sie hier Informationen, die Sie sich alleine erst mühsam zusammensuchen müssten und erhalten den ein oder anderen wertvollen Tipp für Ihre weitere Arbeit. Natürlich leben Autorenverbände vom Geben und Nehmen Ihrer Mitglieder. Das bedeutet: Wenn Sie selbst wertvolle Kontakte geknüpft oder bestimmte Erfahrungen gemacht haben, stellen Sie Ihr Wissen ebenfalls den anderen zur Verfügung. So gelingt Ihnen auch der Einstieg in die Gemeinschaft wesentlich einfacher und schneller.

Ideal für den persönlichen Austausch sind regional organisierte Autorenvereine und -gruppen. Nehmen Sie einfach zunächst als Gast an einem der regelmäßigen Treffen teil – so können Sie unverbindlich herausfinden, ob die Menschen dort auch wirklich zu Ihnen passen. Wenn die Chemie stimmt, ergeben sich meist schnell Kontakte und damit viele Möglichkeiten, Texte zu besprechen, Lesungen zu organisieren oder Literaturausflüge zu planen. Denn gerade weil man beim Schreiben auf sich alleine gestellt ist, tut es gut, andere um Rat fragen zu können. Auch für die Suche nach einem geeigneten Verlag bekommt man von anderen Autoren möglicherweise einen entscheidenden Hinweis.

Beratung für neue Autoren

Wer zum ersten Mal ein Buch schreibt, für den tun sich in der Regel eine Menge Fragen auf, und nur selten findet man einen kompetenten Ansprechpartner im Familien- oder Freundeskreis, der einem wohlwollend weiterhilft. Deshalb bieten viele Autorenvereinigungen wie beispielsweise der Bund Deutscher Schriftsteller e. V. gerade neuen Autoren kostenlose Beratung an – ein Angebot, das Sie in jedem Fall nutzen sollten!

Messen als Informationsbörsen

Abgesehen davon, dass man sich einen wunderbaren Überblick über das aktuelle Angebot der Verlage verschaffen kann, sind Buchmessen nur bedingt geeignet, um neue Kontakte zu knüpfen. Gerade auf den großen Veranstaltungen haben Lektoren in der Regel einen prall gefüllten Terminkalender, sodass sich nur selten die Gelegenheit eines spontanen Gespräches ergibt.

Nutzen Sie die Gelegenheit, sich persönlich und die wichtigsten Aspekte Ihres Buchprojektes vorzustellen.

Wer den persönlichen Kontakt zu einem bestimmten Verlag sucht, sollte bereits im Vorfeld einen Termin vereinbaren. So kann man sicher sein, dass man den eventuell weiten Weg nicht umsonst gemacht hat. Und es kann nicht schaden, sich gleich mit den Lektoren anderer interessanter Verlage ebenso zu verabreden.

Seien Sie jedoch nicht enttäuscht, wenn Sie auf einer Messe noch keine konkreten Antworten oder gar Zusagen erhalten. Nutzen Sie stattdessen die Gelegenheit, sich persönlich und die wichtigsten Aspekte Ihres Buchprojektes vorzustellen. Ein paar Tage nach der Messe können Sie dann Ihr Exposé sowie ein Probekapitel an interessierte Lektoren verschicken. Auch hier ist natürlich jetzt Geduld gefragt, denn nach solchen Veranstaltungen quillen die Schreibtische in den Verlagen naturgemäß erst einmal über. Lassen Sie also erst einmal ein bis zwei Wochen verstreichen, und haken Sie dann noch einmal telefonisch nach. Hier die wichtigsten Buchmessen im deutschsprachigen Raum, und was Sie dort erwartet:

Frankfurter Buchmesse

Jedes Jahr im Oktober richtet sich die Aufmerksamkeit der Buchbranche auf Frankfurt am Main. Denn mit über 6 700 Ausstellern und mehr als 270 000 Besuchern ist die Frankfurter Buchmesse die größte und bedeutendste Literaturveranstaltung der Welt. Und es gibt wohl kaum einen Autor oder Literaturinteressierten, der nicht zumindest einmal mit dem Gedanken gespielt hat, sich das bunte Treiben von Verlegern, Autoren und Buchfachleuten aus der Nähe anzuschauen.

Die herausragende kulturpolitische Bedeutung der Messe spiegelt sich nicht nur in Medieninteresse, Aussteller- und Besucherzahl, auch der Internetauftritt der Frankfurter

Buchmesse, www.buchmesse.de, mit zahlreichen Verzeichnissen zum Buchmarkt ist das meistgenutzte Portal der Branche. Eine Möglichkeit für weniger bekannte Autoren, ihre Werke auf der Buchmesse zu präsentieren, bietet der Bund Deutscher Schriftsteller, Informationen hierzu finden Sie unter www.bund-deutscher-schriftsteller.de.

Leipziger Buchmesse

In der ehemaligen DDR war die Leipziger Buchmesse ein wichtiger Treffpunkt für die Literatur aus Ost und West. Heute ist sie mit über 2 100 Ausstellern und weit mehr als 100 000 Besuchern die zweitgrößte Buchmesse Deutschlands und ein wichtiger Branchentreff in jedem Frühjahr. Im Vergleich zur berühmten Schwester in Frankfurt zeichnet sich die Leipziger Buchmesse durch die größere Nähe zum Besucher aus, denn die Begegnung von Autoren und Lesern steht im Vordergrund. Dies zeigt sich besonders im großen Literaturfestival „Leipzig liest", bei dem während der vier Messetage in rund 1 500 Veranstaltungen Autoren ganz aus der Nähe erlebt werden können. Neben den Themenschwerpunkten Jugendliteratur und Bildung hat sich der Bereich Comic etabliert. Mit Manga-Zeichenwettbewerb und einem Markplatz für junge Manga-Zeichner ist die Messe beliebter Treffpunkt der Szene geworden. Das Messe- und Festivalprogramm finden Sie auf der Internetseite der Buchmesse Leipzig unter www.leipziger-buchmesse.de.

Baseler Buchmesse

Ein lebendiges Programm bietet auch die Buchmesse Basel in der Schweiz. Etwa 400 Verlage aus dem deutschsprachigen Raum sowie aus Frankreich präsentieren sich auf der BuchBasel. Wie in Leipzig richtet sich die Messe mit einer eigenen Halle auch an die jungen Besucher. Aufgrund des niedrigen Anmeldestands fiel die BuchBasel 2008 aus, und über die Zukunft der Messe wird derzeit diskutiert. Detaillierte Informationen über den Stand der Dinge finden Sie im Internetauftritt der BuchBasel unter www.buch-basel.ch.

Bücherschauen in der Vorweihnachtszeit: München, Stuttgart und Karlsruhe

Jedes Jahr pünktlich zur Vorweihnachtszeit bieten die drei süddeutschen Städte München, Stuttgart und Karlsruhe dem interessierten Publikum die Möglichkeit, Bücher aus einem breit gefächerten Sortiment – vom Ratgeber bis zum Roman – in aller Ruhe in die Hand zu nehmen und anzulesen. Die Bücherschauen sind keine Verkaufs- und Lizenzmessen, sondern zielen einzig und allein auf die Begegnung des Publikums mit dem Buch ab. Auf der Münchner Bücherschau präsentieren vorwiegend bayerische Verlage ihre Neuerscheinungen und ihr Verlagsprogramm.

> **Die Stuttgarter Buchwochen gehören zu den größten regionalen Buchausstellungen Deutschlands.**

Daneben gehören die Stuttgarter Buchwochen zu den größten regionalen Buchausstellungen Deutschlands. Seit der ersten Ausstellung im Nachkriegsjahr 1949 haben sie sich von einer reinen Leistungsschau für Verlage zu einem Kultur-Event für die Region Stuttgart und weit darüber hinaus entwickelt. Wie auch bei der Münchner Bücherschau präsentieren sich bei den Stuttgarter Buchwochen rund 300 Verlage.

Das Bücher-Mekka für Badener heißt in der Vorweihnachtszeit Karlsruhe. Dort findet die Karlsruher Bücherschau mit 22 000 Büchern aus rund 300 Verlagen im Regierungspräsidium statt. Den mehr als 60 000 Besuchern wird außerdem auch ein vielfältiges Rahmenprogramm geboten.

Mainzer Minipressen-Messe

Alle zwei Jahre treffen sich am Mainzer Rheinufer in zwei Großraumzelten Handpressendrucker, Kleinverleger und Buchkünstler zur Internationalen Buchmesse der Kleinverlage und künstlerischen Handpressen. Freier Eintritt, das krude Zeltdach, die gedrängte Präsentation auf einfachen Tischen erzeugen einen Hauch von Flohmarktatmosphäre. Als „Messe ohne Zensur", die offen für Ideen und unbekannte Talente ist, bietet sie ein buntes Programm. Dabei hat sich die Messe in ihrer 35-jährigen Geschichte mittlerweile zum größten Handelsplatz für Kleinverlagsbücher und künstlerische Pressedrucke entwickelt. 2008 kamen aus 15 Ländern 360 Aussteller. Neben weiterführenden

Informationen finden Sie auf der Homepage der Mainzer Minipressen-Messe auch eine virtuelle Messe mit Ausstellern: www.minipresse.de.

Buchmessen in Österreich

Österreich hat gleich zwei Buchmessen zu bieten: Zum einen die LITERA Linz und zum anderen die Buch Wien. Die LITERA Linz findet jährlich während der Woche des Welttags des Buches (23. April) in den Ausstellungshallen des Design Centers Linz statt und versteht sich sowohl als Fach- wie auch als Publikumsmesse. Ausführliche Informationen zum Programm finden Sie unter www.linzkongress.at.

Alljährlich vor Weihnachten öffnet die Buch Wien auf dem Wiener Messegelände ihre Tore. Sie ist die Nachfolgerin der Wiener Buchwoche vor dem Wiener Rathaus, die aus Platzmangel umziehen musste. Gezeigt werden auf dieser Publikumsmesse mit internationalem Fachbesucherbereich Belletristik, Sachbücher, Kinder- und Jugendbücher, Wissenschaft und Ratgeber zu allen Themen, Hörbücher und Reiseführer. Zeitgleich werden an verschiedenen Orten und über das gesamte Stadtgebiet verteilt Lesungen angeboten, die dem Publikum die Neuheiten des Bücherherbstes präsentieren. Unter www.buchwien.at können Sie aktuelle Informationen über die Aussteller sowie das Programm der Messe abrufen.

Preise, Wettbewerbe, Förderung

Es muss ja nicht gleich der Literatur-Nobelpreis sein – zahlreiche andere Preisverleihungen sind für Nachwuchsautoren bereits ein sehr guter Weg, um auf sich aufmerksam zu machen. Verliehen werden die Preise in den unterschiedlichsten Bereichen von staatlichen Institutionen, Verbänden, Akademien, Stiftungen, Verlagen, Vereinen oder Einzelpersonen. Neben den bekanntesten, wie beispielsweise dem deutschen Krimipreis, dem deutschen Jugendliteraturpreis, dem Büchner-Preis und vielen anderen renommierten Auszeichnungen, gibt es auch unzählige regionale Wettbewerbe und vor allem solche, die sich auf ein bestimmtes Genre beziehen.

Machen Sie auf sich aufmerksam!

Sollten Sie bereits ein fertiges Manuskript in Ihrer Schublade liegen haben, nehmen Sie doch ruhig einmal an einem Schreibwettbewerb teil. Viele Zeitschriften bieten solche Wettbewerbe regelmäßig an, Sie können aber auch im Internet den Suchbegriff „Schreibwettbewerb" eingegeben, um eine aktuelle Übersicht über laufende Ausschreibungen zu erhalten. Ebenso bietet die Homepage des Uschtrin Verlages unter www.uschtrin.de eine ausführliche Auflistung der verschiedenen Möglichkeiten an.

> **Viele Zeitschriften bieten regelmäßig Schreibwettbewerbe an.**

Schreibwettbewerbe haben meist ein festes Thema und sind einer bestimmten Textform zugeordnet, beispielsweise Kurzgeschichten, es gibt aber auch Ausschreibungen mit freier Themenwahl. Die Preise sind teilweise mit Geld, teilweise mit Sachpreisen dotiert, spielen jedoch für die meisten Teilnehmer eine eher untergeordnete Rolle. Denn in erster Linie geht es darum, auf sich und sein Können aufmerksam zu machen – und falls Sie tatsächlich einen Preis ergattern sollten, wird das vermutlich auch die Verlage beeindrucken, denen Sie Ihr nächstes Projekt anbieten. Misstrauisch werden sollten Sie allerdings, wenn Sie allein die Teilnahme an einem Wettbewerb teuer bezahlen müssen. Ein kleiner Kostenbeitrag ist eventuell noch durch Personal- und Arbeitsaufwand zu begründen. Doch die Erhebung einer Gebühr zeigt in der Regel, dass der Preis nicht besonders gut angesehen ist beziehungsweise nicht von Sponsoren gefördert wird.

Halten Sie sich also lieber an die seriösen und anerkannten Wettbewerbe. Und selbst wenn Sie nicht sofort zu den glücklichen Gewinnern zählen, kann sich die Teilnahme durchaus für Sie lohnen. Schließlich ist Ihr Text durch die Hände einer fachkundigen Jury gegangen – und vielleicht jemandem positiv aufgefallen, der Ihre weitere Arbeit als Autor gerne verfolgen möchte!

Formvollendet bewerben

Wenn Sie an einem Schreibwettbewerb teilnehmen, achten Sie auf die Vorgaben: Ist eine bestimmte Zeichen- oder Zeilenzahl angegeben, sollten Sie diese nicht überschreiten. Auch die Art der Einreichung – beispielsweise als Datei auf CD oder per E-Mail – muss eingehalten werden, und in jedem Fall gehört eine kurze Autoren-Biografie zum Text. Oft werden Einsendungen, die nicht den Vorgaben entsprechen, sofort aussortiert, sei der Inhalt auch noch so gut.

Anhang

Muster eines Verlagsvertrages zwischen dem Verband deutscher Schriftsteller (VS) in der IG Medien und dem Börsenverein des Deutschen Buchhandels e. V. − Verleger-Ausschuss:

Verlagsvertrag
zwischen
(nachstehend: Autor)
und
(nachstehend: Verlag)

§ 1 Vertragsgegenstand

1. Gegenstand dieses Vertrages ist das vorliegende/noch zu verfassende Werk des Autors unter dem Titel/Arbeitstitel: (gegebenenfalls einsetzen: vereinbarter Umfang des Werks, Spezifikation des Themas usw.)

2. Der endgültige Titel wird in Abstimmung zwischen Autor und Verlag festgelegt, wobei der Autor dem Stichentscheid des Verlages zu widersprechen berechtigt ist, soweit sein Persönlichkeitsrecht verletzt würde.

3. Der Autor versichert, dass er allein berechtigt ist, über die urheberrechtlichen Nutzungsrechte an seinem Werk zu verfügen, und dass er, soweit sich aus § 14 Absatz 3 nichts anderes ergibt, bisher keine den Rechtseinräumungen dieses Vertrages entgegenstehende Verfügung getroffen hat. Das gilt auch für die vom Autor geliefer-

ten Text- oder Bildvorlagen, deren Nutzungsrechte bei
ihm liegen. Bietet er dem Verlag Text- oder Bildvorlagen
an, für die dies nicht zutrifft oder nicht sicher ist, so hat
er den Verlag darüber und über alle ihm bekannten oder
erkennbaren rechtlich relevanten Fakten zu informieren. Soweit der Verlag den Autor mit der Beschaffung
fremder Text- oder Bildvorlagen beauftragt, bedarf es
einer besonderen Vereinbarung.

4. Der Autor ist verpflichtet, den Verlag schriftlich auf im
   Werk enthaltene Darstellungen von Personen oder Ereig-
   nissen hinzuweisen, mit denen das Risiko einer Persön-
   lichkeitsrechtsverletzung verbunden ist. Nur wenn der
   Autor dieser Vertragspflicht in vollem Umfang nach
   bestem Wissen und Gewissen genügt hat, trägt der Verlag alle Kosten einer eventuell erforderlichen Rechtsver-
   teidigung. Wird der Autor wegen solcher Verletzungen
   in Anspruch genommen, sichert ihm der Verlag seine
   Unterstützung zu, wie auch der Autor bei der Abwehr
   solcher Ansprüche gegen den Verlag mitwirkt.

§ 2 Rechtseinräumungen

1. Der Autor überträgt dem Verlag räumlich unbeschränkt
   für die Dauer des gesetzlichen Urheberrechts das ausschließliche Recht zur Vervielfältigung und Verbreitung
   (Verlagsrecht) des Werkes für alle Druck- und körper-

lichen elektronischen Ausgaben[*] sowie für alle Auflagen ohne Stückzahlbegrenzung für die deutsche Sprache.

2. Der Autor räumt dem Verlag für die Dauer des Hauptrechts gemäß Absatz 1 und § 5 Absatz 2 außerdem folgende ausschließliche Nebenrechte – insgesamt oder einzeln – ein:

a) Das Recht des ganzen oder teilweisen Vorabdrucks und Nachdrucks, auch in Zeitungen und Zeitschriften;

b) das Recht der Übersetzung in eine andere Sprache oder Mundart;

c) das Recht zur Vergabe von Lizenzen für deutschsprachige Ausgaben in anderen Ländern sowie für Taschenbuch-, Volks-, Sonder-, Reprint-, Schul- oder Buchgemeinschaftsausgaben oder andere Druck- und körperlichen elektronischen Ausgaben;

d) das Recht der Herausgabe von Mikrokopieausgaben;

e) das Recht zu sonstiger Vervielfältigung, insbesondere durch fotomechanische oder ähnliche Verfahren (z. B. Fotokopie);

---

[*] Sobald sich die Rahmenbedingungen für eine elektronische Werknutzung in Datenbanken und Online-Diensten geklärt haben, werden sich VS in der IG Medien und Börsenverein über eine entsprechende Ergänzung des Normvertrages verständigen. Bis dahin sollten entsprechende Rechtseinräumungen einzelvertraglich geregelt werden.

f) das Recht zur Aufnahme auf Vorrichtungen zur wiederholbaren Wiedergabe mittels Bild- oder Tonträger (z. B. Hörbuch), sowie das Recht zu deren Vervielfältigung, Verbreitung und Wiedergabe;

g) das Recht zum Vortrag des Werks durch Dritte;

h) die am Werk oder seiner Bild- oder Tonträgerfixierung oder durch Lautsprecherübertragung oder Sendung entstehenden Wiedergabe- und Überspielungsrechte;

i) das Recht zur Vergabe von deutsch– oder fremdsprachigen Lizenzen in das In- und Ausland zur Ausübung der Nebenrechte a) bis h).

3. Darüber hinaus räumt der Autor dem Verlag für die Dauer des Hauptrechts gemäß Absatz 1 weitere ausschließliche Nebenrechte – insgesamt oder einzeln – ein:

a) Das Recht zur Bearbeitung als Bühnenstück sowie das Recht der Aufführung des so bearbeiteten Werkes;

b) das Recht zur Verfilmung einschließlich der Rechte zur Bearbeitung als Drehbuch und zur Vorführung des so hergestellten Films;

c) das Recht zur Bearbeitung und Verwertung des Werks im Fernsehfunk einschließlich Wiedergaberecht;

d) das Recht zur Bearbeitung und Verwertung des Werks im Hörfunk, z. B. als Hörspiel einschließlich Wiedergaberecht;

e) das Recht zur Vertonung des Werks;

f) das Recht zur Vergabe von Lizenzen zur Ausübung der Nebenrechte a) bis e).

4. Der Autor räumt dem Verlag schließlich für die Dauer des Hauptrechts gemäß Absatz 1 alle durch die Verwertungsgesellschaft Wort wahrgenommenen Rechte nach deren Satzung, Wahrnehmungsvertrag und Verteilungsplan zur gemeinsamen Einbringung ein. Bereits abgeschlossene Wahrnehmungsverträge bleiben davon unberührt.

5. Für die Rechtseinräumungen nach Absatz 2 bis 4 gelten folgende Beschränkungen:

a) Soweit der Verlag selbst die Nebenrechte gemäß Absatz 2 und 3 ausübt, gelten für die Ermittlung des Honorars die Bestimmungen über das Absatzhonorar nach § 4 anstelle der Bestimmungen für die Verwertung von Nebenrechten. Enthält § 4 für das jeweilige Nebenrecht keine Vergütungsregelung, so ist eine solche nachträglich zu vereinbaren.

b) Der Verlag darf das ihm nach Absatz 2 bis 4 eingeräumte Vergaberecht nicht ohne Zustimmung des Autors abtreten. Dies gilt nicht gegenüber ausländischen Lizenznehmern für die Einräumung von Sublizenzen in ihrem Sprachgebiet sowie für die branchenübliche Sicherungsabtretung von Verfilmungsrechten zur Produktionsfinanzierung.

c) Das Recht zur Vergabe von Nebenrechten nach Absatz 2 bis 4 endet mit der Beendigung des Hauptrechts gemäß Absatz 1; der Bestand bereits abgeschlossener Lizenzverträge bleibt hiervon unberührt.

d) Ist der Verlag berechtigt, das Werk zu bearbeiten oder bearbeiten zu lassen, so hat er Beeinträchtigungen des Werkes zu unterlassen, die geistige und persönliche Rechte des Autors am Werk zu gefährden geeignet sind. Im Falle einer Vergabe von Lizenzen zur Ausübung der Nebenrechte gemäß Absatz 2 und Absatz 3 wird der Verlag darauf hinwirken, dass der Autor vor Beginn einer entsprechenden Bearbeitung des Werkes vom Lizenznehmer gehört wird. Möchte der Verlag einzelne Nebenrechte selbst ausüben, so hat er den Autor anzuhören und ihm bei persönlicher und fachlicher Eignung die entsprechende Bearbeitung des Werkes anzubieten, bevor damit Dritte beauftragt werden.

§ 3 Verlagspflicht

1. Das Werk wird zunächst als _____ -Ausgabe (z. B. Hardcover, Paperback, Taschenbuch, CD-ROM) erscheinen; nachträgliche Änderungen der Form der Erstausgabe bedürfen des Einvernehmens mit dem Autor.

2. Der Verlag ist verpflichtet, das Werk in der in Absatz 1 genannten Form zu vervielfältigen, zu verbreiten und dafür angemessen zu werben.

3. Ausstattung, Buchumschlag, Auflagenhöhe, Auslieferungstermin, Ladenpreis und Werbemaßnahmen werden vom Verlag nach pflichtgemäßem Ermessen unter Berücksichtigung des Vertragszwecks sowie der im Verlagsbuchhandel für Ausgaben dieser Art herrschenden Übung bestimmt.

4. Das Recht des Verlags zur Bestimmung des Ladenpreises nach pflichtgemäßem Ermessen schließt auch dessen spätere Herauf- oder Herabsetzung ein. Vor Herabsetzung des Ladenpreises wird der Autor benachrichtigt.

5. Als Erscheinungstermin ist vorgesehen: _____
Eine Änderung des Erscheinungstermins erfolgt in Absprache mit dem Autor.

§ 4 Absatzhonorar für Verlagsausgaben

1. Der Autor erhält für jedes verkaufte und bezahlte Exemplar ein Honorar auf der Basis des um die darin enthaltene Mehrwertsteuer verminderten Ladenverkaufspreises (Nettoladenverkaufspreis).

oder:

Der Autor erhält für jedes verkaufte und bezahlte Exemplar ein Honorar auf der Basis des um die darin enthaltene Mehrwertsteuer verminderten Verlagsabgabepreises (Nettoverlagsabgabepreis). In diesem Falle ist bei der Vereinbarung des Honorarsatzes die im Vergleich zum Nettoladenverkaufspreis geringere Bemessungsgrundlage zu berücksichtigen.

oder: Der Autor erhält ein Honorar auf der Basis des mit der Verlagsausgabe des Werkes erzielten, um die Mehrwertsteuer verminderten Umsatzes (Nettoumsatzbeteiligung). Dabei hat der Autor Anspruch auf Ausweis der verkauften Exemplare einschließlich der Partie- und Portoersatzstücke, für die dann Absatz 5 nicht gilt. In diesem Falle ist bei der Vereinbarung des Honorarsatzes die im Vergleich zum Nettoladenverkaufspreis geringere Bemessungsgrundlage zu berücksichtigen.

2. Das Honorar für die verschiedenen Arten von Ausgaben (z. B. Hardcover, Taschenbuch usw.) beträgt für _____ -Ausgaben _____ % vom Preis gemäß Absatz 1.

   Es erhöht sich nach dem Absatz des Werkes

   von _____ bis _____ Exemplaren auf _____ %;

   von _____ bis _____ Exemplaren auf _____ %;

   ab _____ Exemplaren auf _____ %.

3. Auf seine Honoraransprüche – einschließlich der Ansprüche aus § 5 – erhält der Autor einen Vorschuss in Höhe von EURO _____ Dieser Vorschuss ist fällig zu _____ % bei Abschluss des Vertrages, zu _____ % bei Ablieferung des Manuskripts gemäß § 1 Absatz 1 und § 6 Absatz 1, zu _____ % bei Erscheinen des Werkes, spätestens am _____ .

4. Der Vorschuss gemäß Absatz 3 stellt ein garantiertes Mindesthonorar für dieses Werk dar. Er ist nicht rückzahlbar, jedoch mit allen Ansprüchen des Autors aus diesem Vertrag verrechenbar.

5. Pflicht-, Prüf-, Werbe- und Besprechungsexemplare sind honorarfrei; darunter fallen nicht Partie- und Portoersatzstücke sowie solche Exemplare, die für Werbezwecke des Verlages, nicht aber des Buches abgegeben werden.

6. Ist der Autor mehrwertsteuerpflichtig, zahlt der Verlag die auf die Honorarbeträge anfallende gesetzliche Mehrwertsteuer zusätzlich.

7. Honorarabrechnung und Zahlung erfolgen halbjährlich zum 30. Juni und zum 31. Dezember innerhalb der auf den Stichtag folgenden 3 Monate. Oder: Honorarabrechnung und Zahlung erfolgen zum 31. Dezember jedes Jahres innerhalb der auf den Stichtag folgenden drei Monate. Der Verlag leistet dem Autor entsprechende Abschlagszahlungen, sobald er Guthaben von mehr als DM/EURO _____ feststellt. Honorare auf im Abrechnungszeitraum remittierte Exemplare werden vom Guthaben abgezogen.

8. Der Verlag ist verpflichtet, einem vom Autor beauftragten Wirtschaftsprüfer, Steuerberater oder vereidigten Buchsachverständigen zur Überprüfung der Honorarabrechnungen Einsicht in die Bücher und Unterlagen zu gewähren. Die hierdurch anfallenden Kosten trägt der

Verlag, wenn sich die Abrechnungen als fehlerhaft erweisen.

9. Nach dem Tode des Autors bestehen die Verpflichtungen des Verlags nach Absatz 1 bis 8 gegenüber den durch Erbschein ausgewiesenen Erben, die bei einer Mehrzahl von Erben einen gemeinsamen Bevollmächtigten zu benennen haben.

§ 5 Nebenrechtsverwertung

1. Der Verlag ist verpflichtet, sich intensiv um die Verwertung der ihm eingeräumten Nebenrechte innerhalb der für das jeweilige Nebenrecht unter Berücksichtigung von Art und Absatz der Originalausgabe angemessenen Frist zu bemühen und den Autor auf Verlangen zu informieren. Bei mehreren sich untereinander ausschließenden Verwertungsmöglichkeiten wird er die für den Autor materiell und ideell möglichst günstige wählen, auch wenn er selbst bei dieser Nebenrechtsverwertung konkurriert. Der Verlag unterrichtet den Autor unaufgefordert über erfolgte Verwertungen und deren Bedingungen.

2. Verletzt der Verlag seine Verpflichtungen gemäß Absatz 1, so kann der Autor die hiervon betroffenen Nebenrechte – auch einzeln – nach den Regeln des § 41 UrhG zurückrufen; der Bestand des Vertrages im Übrigen wird hiervon nicht berührt.

3. Der aus der Verwertung der Nebenrechte erzielte Erlös wird zwischen Autor und Verlag geteilt, und zwar erhält der Autor

_____ % bei den Nebenrechten des § 2 Absatz 2;

_____ % bei den Nebenrechten des § 2 Absatz 3;

Nebenrechte durch Verwertungsgesellschaften wahrgenommen werden, richten sich die Anteile von Verlag und Autor nach deren satzungsgemäßen Bestimmungen.

4. Für Abrechnung und Fälligkeit gelten die Bestimmungen von § 4 Absatz 7, 8 und 9 entsprechend.

5. Die Vergabe von Lizenzen an gemeinnützige Blindenselbsthilfeorganisationen für Ausgaben, die ausschließlich für Blinde und Sehbehinderte bestimmt sind (Druckausgaben in Punktschrift, Tonträgerausgaben mit akustischen Benutzungsanweisungen und entsprechende Ausgaben auf Datenträgern), darf vergütungsfrei erfolgen.

§ 6 Manuskriptablieferung

1. Der Autor verpflichtet sich, dem Verlag bis spätestens _____ /binnen _____ das vollständige und vervielfältigungsfähige Manuskript gemäß § 1 Absatz 1 (einschließlich etwa vorgesehener und vom Autor zu beschaffender Bildvorlagen) mit Maschine geschrieben oder in folgender Form zu übergeben: _____ *) Wird diese(r) Termin/Frist nicht eingehalten, gilt als

angemessene Nachfrist im Sinne des § 30 Verlagsgesetz ein Zeitraum von _____ Monaten.

2. Der Autor behält eine Kopie des Manuskripts bei sich.

3. Das Manuskript bleibt Eigentum des Autors und ist ihm vom Verlag nach Erscheinen des Werkes auf Verlangen zurückzugeben. Erfolgt die Manuskriptabgabe in elektronischer Form, so ist ein entsprechender Papierausdruck beizufügen.

§ 7 Freiexemplare

1. Der Autor erhält für seinen eigenen Bedarf _____ Freiexemplare. Bei der Herstellung von mehr als _____ Exemplaren erhält der Autor _____ weitere Freiexemplare und bei der Herstellung von mehr als _____ Exemplaren _____ weitere Freiexemplare.

2. Darüber hinaus kann der Autor Exemplare seines Werkes zu einem Höchstrabatt von .....% vom Ladenpreis vom Verlag beziehen.

3. Sämtliche gemäß Absatz 1 oder 2 übernommenen Exemplare dürfen nicht weiterverkauft werden.

§ 8 Satz, Korrektur

1. Die erste Korrektur des Satzes wird vom Verlag oder von der Druckerei vorgenommen. Der Verlag ist sodann verpflichtet, dem Autor in allen Teilen gut lesbare Abzüge zu übersenden, die der Autor unverzüglich honorarfrei

korrigiert und mit dem Vermerk >>druckfertig<< ver-
sieht; durch diesen Vermerk werden auch etwaige
Abweichungen vom Manuskript genehmigt. Abzüge gelten auch dann als >>druckfertig<<, wenn sich der
Autor nicht innerhalb angemessener Frist nach Erhalt zu
ihnen erklärt hat.

2. Nimmt der Autor Änderungen im fertigen Satz vor, so
hat er die dadurch entstehenden Mehrkosten – berechnet nach dem Selbstkostenpreis des Verlages – insoweit
zu tragen, als sie 10 % der Satzkosten übersteigen. Dies
gilt nicht für Änderungen bei Sachbüchern, die durch
Entwicklungen der Fakten nach Ablieferung des
Manuskripts erforderlich geworden sind.

§ 9 Lieferbarkeit, veränderte Neuauflagen

1. Wenn die Verlagsausgabe des Werkes vergriffen ist und
nicht mehr angeboten und ausgeliefert wird, ist der
Autor zu benachrichtigen. Der Autor ist dann berechtigt, den Verlag schriftlich aufzufordern, sich spätestens
innerhalb von 3 Monaten nach Eingang der Aufforderung zu verpflichten, innerhalb einer Frist von
_____ Monat(en)/Jahr(en) nach Ablauf der Drei-
monatsfrist eine ausreichende Anzahl weiterer Exemplare des Werkes herzustellen und zu verbreiten. Geht der
Verlag eine solche Verpflichtung nicht fristgerecht ein
oder wird die Neuherstellungsfrist nicht gewahrt, ist
der Autor berechtigt, durch schriftliche Erklärung von

diesem Verlagsvertrag zurückzutreten. Bei Verschulden des Verlages kann er statt dessen Schadenersatz wegen Nichterfüllung verlangen. Der Verlag bleibt im Falle des Rückrufs zum Verkauf der ihm danach (z. B. aus Remissionen) noch zufließenden Restexemplare innerhalb einer Frist von _____ berechtigt; er ist verpflichtet, dem Autor die Anzahl dieser Exemplare anzugeben und ihm die Übernahme anzubieten.

2. Der Autor ist berechtigt und, wenn es der Charakter des Werkes (z. B. eines Sachbuchs) erfordert, auch verpflichtet, das Werk für weitere Auflagen zu überarbeiten; wesentliche Veränderungen von Art und Umfang des Werkes bedürfen der Zustimmung des Verlages. Ist der Autor zu der Bearbeitung nicht bereit oder nicht in der Lage oder liefert er die Überarbeitung nicht innerhalb einer angemessenen Frist nach Aufforderung durch den Verlag ab, so ist der Verlag zur Bestellung eines anderen Bearbeiters berechtigt. Wesentliche Änderungen des Charakters des Werkes bedürfen dann der Zustimmung des Autors.

§ 10 Verramschung, Makulierung

1. Der Verlag kann das Werk verramschen, wenn der Verkauf in zwei aufeinanderfolgenden Kalenderjahren unter _____ Exemplaren pro Jahr gelegen hat. Am Erlös ist der Autor in Höhe seines sich aus § 4 Absatz 2 ergebenden Grundhonorarprozentsatzes beteiligt.

2. Erweist sich auch ein Absatz zum Ramschpreis als nicht durchführbar, kann der Verlag die Restauflage makulieren.

3. Der Verlag ist verpflichtet, den Autor vor einer beabsichtigten Verramschung bzw. Makulierung zu informieren. Der Autor hat das Recht, durch einseitige Erklärung die noch vorhandene Restauflage bei beabsichtigter Verramschung zum Ramschpreis abzüglich des Prozentsatzes seiner Beteiligung und bei beabsichtigter Makulierung unentgeltlich – ganz oder teilweise – ab Lager zu übernehmen. Bei beabsichtigter Verramschung kann das Übernahmerecht nur bezüglich der gesamten noch vorhandenen Restauflage ausgeübt werden.

4. Das Recht des Autors, im Falle der Verramschung oder Makulierung vom Vertrag zurückzutreten, richtet sich nach den §§ 32, 30 Verlagsgesetz.

§ 11 Rezensionen

Der Verlag wird bei ihm eingehende Rezensionen des Werkes innerhalb des ersten Jahres nach Ersterscheinen umgehend, danach in angemessenen Zeitabständen dem Autor zur Kenntnis bringen.

§ 12 Urheberbenennung, Copyright-Vermerk

1. Der Verlag ist verpflichtet, den Autor in angemessener Weise als Urheber des Werkes auszuweisen.

2. Der Verlag ist verpflichtet, bei der Veröffentlichung des Werkes den Copyright-Vermerk im Sinne des Welturheberrechtsabkommens anzubringen.

§ 13 Änderungen der Eigentums- und Programmstrukturen des Verlags

1. Der Verlag ist verpflichtet, dem Autor anzuzeigen, wenn sich in seinen Eigentums- oder Beteiligungsverhältnissen eine wesentliche Veränderung ergibt. Eine Veränderung ist wesentlich, wenn

   a) der Verlag oder Verlagsteile veräußert werden;

   b) sich in den Beteiligungsverhältnissen einer den Verlag betreibenden Gesellschaft gegenüber denen zum Zeitpunkt dieses Vertragsabschlusses Veränderungen um mindestens 25 % der Kapital- oder Stimmrechtsanteile ergeben. Wird eine Beteiligung an der den Verlag betreibenden Gesellschaft von einer anderen Gesellschaft gehalten, gelten Veränderungen in deren Kapital- oder Stimmrechtsverhältnissen als solche des Verlages. Der Prozentsatz der Veränderungen ist entsprechend der Beteiligung dieser Gesellschaft an der Verlagsgesellschaft umzurechnen.

2. Der Autor ist berechtigt, durch schriftliche Erklärung gegenüber dem Verlag von etwa bestehenden Optionen oder von Verlagsverträgen über Werke, deren Herstellung der Verlag noch nicht begonnen hat, zurückzutreten, wenn sich durch eine Veränderung gemäß Absatz 1

oder durch Änderung der über das Verlagsprogramm entscheidenden Verlagsleitung eine so grundsätzliche Veränderung des Verlagsprogramms in seiner Struktur und Tendenz ergibt, dass dem Autor nach der Art seines Werkes und unter Berücksichtigung des bei Abschluss dieses Vertrages bestehenden Verlagsprogramms ein Festhalten am Vertrag nicht zugemutet werden kann.

3. Das Rücktrittsrecht kann nur innerhalb eines Jahres nach Zugang der Anzeige des Verlages gemäß Absatz 1 ausgeübt werden.

§ 14 Schlussbestimmungen

1. Soweit dieser Vertrag keine Regelungen enthält, gelten die allgemeinen gesetzlichen Bestimmungen des Rechts der Bundesrepublik Deutschland und der Europäischen Union. Die Nichtigkeit oder Unwirksamkeit einzelner Bestimmungen dieses Vertrages berührt die Gültigkeit der übrigen Bestimmungen nicht. Die Parteien sind alsdann verpflichtet, die mangelhafte Bestimmung durch eine solche zu ersetzen, deren wirtschaftlicher und juristischer Sinn dem der mangelhaften Bestimmung möglichst nahekommt.

2. Die Parteien erklären, Mitglieder bzw. Wahrnehmungsberechtigte folgender Verwertungsgesellschaften zu sein:

Der Autor: _____ Der Verlag: _____

3. Im Rahmen von Mandatsverträgen hat der Autor bereits folgende Rechte an Verwertungsgesellschaften übertragen:

_____ an die VG: _____

_____ an die VG: _____

_____ , den _____   _____ , den _____

(Autor)   (Verlag)

Adressen,
Links und Literatur

Verwertungsgesellschaft Wort (VG Wort)
Goethestraße 49, 80336 München
Telefon 089 514120
www.vgwort.de

Literatur Mechana
Linke Wienzeile 18, A-1060 Wien
Telefon 0043 1 58721610
www.literar.at

Schweizer Urheberrechtsgesellschaft ProLitteris
Postfach, 8033 Zürich
Telefon 0041 (043) 3006615
www.prolitteris.ch

Landesversicherungsanstalt Oldenburg
Künstlersozialkasse
Langeoogstraße 12, 26384 Wilhelmshaven
Telefon 04421 75439
www.kuenstlersozialkasse.de

Informationen rund um die Buchbranche

www.buchreport.de

www.buchmarkt.de

www.boersenblatt.net

www.uschtrin.de

www.buecher.at

www.swissbooks.com

Suchen und Bestellen von Büchern

www.buchkatalog.de

www.amazon.de

Messen

www.buchmesse.de

www.leipziger-buchmesse.de

Freie Lektoren

www.lektorat.de

www.vfll.de

Autorenforen im Netz

www.autorenforum.de

www.bund-deutscher-schriftsteller.de

Schreibseminare

Seminare für kreatives und gutes Schreiben werden in vielen Städten von den dortigen Volkshochschulen sowie einigen Universitäten angeboten. Darüber hinaus findet man auch im Internet zahlreiche kostenlose und kostenpflichtige Anbieter, wie beispielsweise:

www.schreibwerkstatt.de

www.leselupe.de

www.schule-des-schreibens.de

Zum Nachschlagen

Ludwig Delp, Der Verlagsvertrag, C. H. Beck

James N. Frey, Wie man einen verdammt guten Roman schreibt, Emons

Oliver Gorus, Jörg Achim Zoll, Erfolgreich als Sachbuchautor, Gabal

Manfred Plinke, Rechte für Autoren, Autorenhaus-Verlag

Britta Schwarz, So verkaufen Sie Ihr Buch! Erfolgsstrategien und Marketing für Autoren und Selbstverleger, Autorenhaus-Verlag

Sandra Uschtrin, Handbuch für Autorinnen und Autoren, Uschtrin Verlag

Register